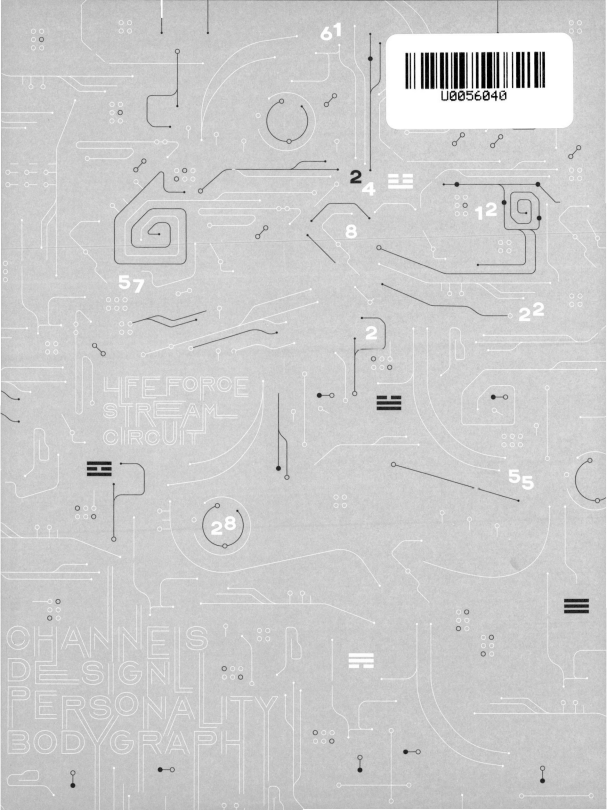

61

24

12

8

57

22

2

LIFE FORCE
STREAM
CIRCUIT

55

28

CHANNELS
DESIGN
PERSONALITY
BODYGRAPH

你與自我和解的開始

LIFE FORCE
STREAM
CIRCUIT

人類圖

Repeat
著

結合閘門解析，最完整的36條通道全書
理解你的生命特質

目錄 | CONTENTS

第一部

集體迴路群

▶ 第一章

感知迴路

► **第二章**

理解迴路

第二部

個體迴路群

▶ 第三章

整合通道

▶ 第四章

覺知迴路

▶ 第五章

回歸中央迴路

第三部
部落迴路群

▶ 第六章
自我迴路

▶ 第七章

防護迴路

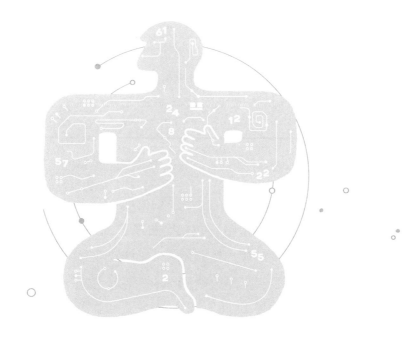

前言

　　在學習人類圖的路上，許多人，包括我自己在內，都曾經非常著迷於人類圖海量的高深知識，無論是閘門（gates）、通道（channels）、爻辭（lines），都標誌著我們內在是什麼個性、什麼樣的人，再來到月之南北交（Nodes of Moon），看看你人生沿途的風景、適合你的環境舞台，研究著輪迴交叉（The Incarnation Cross），想要知道自己此生的目的。

　　在認識自己的內在能量展現、四種不同類型的策略之後，就像人生旅途中有了一個內在的嚮導，而頭腦這個乘客便開始想要知道自己走在什麼樣的道路上：這是什麼閘門？這條通道是什麼意思？我的通道很少是不是很沒才華？「被接通」了通道是不是代表彼此很適合？

　　頭腦渴望著更高深的知識，這些看不懂的訊息餵養著腦袋的焦慮。

　　我們已經知道不同能量中心帶著相異的能量頻率，而當中的每一個「閘門」，則是這個能量中心在**特定主題下的不同特質**，閘門與閘門連結成「通道」，是我們體內能量的流動並形成四種不同的能量場（即四種類型），這是固定且持續的能量，是我們的「**生命動能**」（life force）。

36條通道，36種不同的生命動能，雖然各自對我們個體帶來極為迴異的特質，但事實上它們從來不是獨立存在，通道與通道之間彼此有關，連結成不同的迴路系統（circuitry）。屬於同一迴路中的每一條通道有著相同的主題（theme）與關鍵字（keynote），在這個層面上，有著相同迴路設計的人可以在彼此身上看見相似的元素。

　　藉由這份學習筆記，我想要傳達給大家一個核心的觀念：學習人類圖就像素描，藉由一次次重新描繪，使得原本的輪廓更清晰。而一切的重點都將回到你是什麼樣的類型（Types），依據這個類型的特色，我們有了不同的策略（Strategy），並按照自己的權威（Authority）做出決定。

　　本書盡最大的努力在原文的正確觀念與白話解釋之間取得平衡，避免使用會造成迷思的標籤，但通道與迴路的學習，不是只有智識層面的文字理解，在細胞與精神上，**需要七年的時間真正吸收、蛻變**，七年後又再繼續下一個七年。最後，希望可以透過此書，讓我們在這條「去制約」的路上相伴前行。

本書使用方法 & 名詞解釋

什麼是人類圖？

　　從小到大，這個世界總是要求我們在做決定時，要針對問題來分析以及判斷優劣得失，但心智（Mind）其實是我們從小到大學習而來的一座知識資料庫，這些資料來自於父母、師長以及社會文化所累積下來的百年經驗。

　　當藉著他人的經驗準則來體驗自己的人生時，某種程度上是剝奪了我們的獨特性，因為並不是每一個人都適用於同一套標準，更不會有一致的目標或達成目標的方式。

　　而人類圖則提供了全新不同的解方：藉由策略和權威，拿回屬於自己的人生主導權。

　　人類圖藉由正確的出生時間，可以精準地知道一個人出生時的初始人格特質，以及因為環境可能會有什麼樣的發展與潛能。除了認識自己的特質之外，人類圖這項工具的核心價值，是從根本上改變我們過往所學到的「做決定的方式」。

　　在本書的章節，會逐步介紹「迴路」、「通道」與「閘門」之間的

關係，以及其運作的原理。希望通道不再只是用來「標籤他人、限縮自己」的工具，而是幫助大家在理論上理解它，並且在生活中實驗它、體驗它。

人類圖的基礎，是從每天在日常生活中練習實踐自己的「策略與權威」來與世界共處，在本書中可以更進一步地，透過認識自己和他人的生命動能與特質，來達到與自己真正的和解。

如何開始？

在進入「人類圖跑圖系統」之前，建議你先找出自己的出生證明，如果已經遺失，可以到全國的「戶政事務所」申請，不要過度相信爸媽的記憶力，也盡量不要使用「時辰」。

因為出生時間所代表的，是你在完全離開母體的那一刻宇宙能量的「截圖」，這一刻產生了獨一無二的你。從人體圖（Body Graph）當中，將可以看見你先天的個性、遺傳的印記，在獨一無二的家庭環境與社會洗禮之下，所擁有的可能性。

準備好出生時間，掃描右方 QR code，開啟跑圖系統中，並輸入你的正確出生時間與地點，讓我們一起來看看這份地圖的索引。

常見名詞釋義

　　這本書就如同你人生旅途的指南，無論是剛認識人類圖的新手，還是已經走在旅程上的老朋友，都希望可以帶給各位不一樣的風景。先從最基本的名詞開始，讓我們對人類圖有簡單但切入點不同的認識。

▍九大能量中心（Centers）

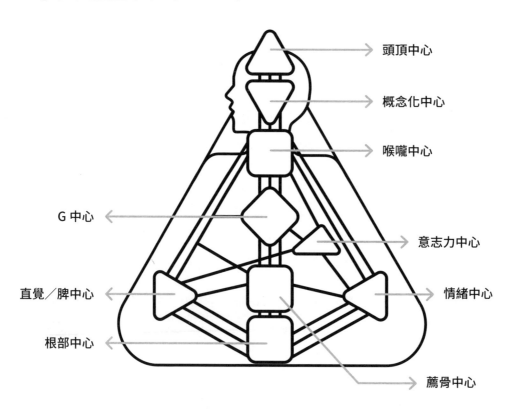

頭頂中心

概念化中心

喉嚨中心

G 中心

意志力中心

直覺／脾中心

情緒中心

根部中心

薦骨中心

以下是九大能量中心以及其各自代表的主題：

能量中心	主題
頭頂中心（Head Center）	壓力、靈感、問題
概念化中心（Ajna Center）	智識覺察、焦慮
喉嚨中心（Throat Center）	溝通、行動
G 中心（G Center）	自我、愛、生命方向
意志力中心（Heart Center）	自我價值、意志力、自尊
情緒中心（Solar Plexus Center）	情緒覺察、情緒動能、緊張、等待澄澈
直覺／脾中心（Spleen Center）	生存、警覺、免疫系統、直覺、本能
薦骨中心（Sacral Center）	生命力、回應
根部中心（Root Center）	壓力、腎上腺

█ 黑／紅（Personality/Design）

想像在我們出生的那一刻，做一張宇宙能量的截圖，就是你圖上右側那一排黑色的數字，代表了你出生那刻的宇宙能量，顯示出開啟了哪些閘門，這是你的「意識層面」（consciousness），也是我們自己清楚知道的個性。

左手邊的紅色數字則是宇宙在88天前（太陽88度角）的宇宙截圖，代表我們「無意識層面」（unconsciousness）的設計，因為是無意識

的，我們在意識層面並不能認知到，而是於身體行動層面展現出來。這些特質除了與遺傳相關，同時也是他人看待你的方式。

個性層面（意識層面）的黑色數字，代表了我們所認識的自我（identification），而紅色的設計，指的是在無意識（unconscious）層面而非潛意識，是我們在基因上、生理上的特徵。

無意識的設計，是一種無法察覺到的運作，這可能會經常讓意識感到吃驚：「為什麼我會有這樣的行為？」如果我們不理解自己在無意識層面的運作，就會與實際上認知到的自己產生極大的衝突。

▎閘門（Gates）

每一個能量中心都標示著一些數字，這些是閘門，是能量中心的出口，帶有該能量中心的特質。64閘門與易經的64個卦象（hexagrams）能量基礎相同，但是無法直接以傳統易經的概念去解釋閘門的含義。

64個閘門的位置是固定的。延續黑／紅的說明，當我們從網站上跑出人體圖時，左右兩排的數字（黑、紅各13個重複或不重複的數字，共26個）便是自己所擁有的閘門。

當你的圖中有不同的閘門啟動，則代表你擁有該閘門所呈現的具體特徵與遺傳印記，將黑色（有意識）的閘門與紅色（無意識）的閘門在圖中以該顏色做標記，便是我們平常看到的圖像，沒有的閘門便以原本

的底色（白色）作為呈現。

▍通道（Channels）

在分享通道的特質時，許多初學者會有這樣的疑問：「我只有一邊是紅色或黑色的，這樣算是有通道嗎？」「一定要接在一起才是通道嗎？」「當我遇到一個有另一側閘門的人，代表我有這條通道嗎？」「白色的通道是什麼意思？」

一旦兩個啟動的閘門連結成通道，讓兩個能量中心連結、固定運作而成為生命動能，此時，通道所帶出來的能量特質，與單獨的閘門特質截然不同。簡單來說，不論紅、黑或紅黑相間，只要相連就算是完整的通道。

通道是我們的生命動能，能量透過通道從一個能量中心，傳遞到另一個，兩端的閘門位於不同能量中心，在本質上便具有不同的意義，許多通道兩端的閘門是截然相反的運作，當它們接通時，兩股能量則產生出了全新的量子領域，也就是一個人的定義（definitions）。

因此，在我們開始進入通道的討論前，可以**先檢視自己的設計中所擁有的完整通道**，這是人生中穩固不變的特質。而只有單側、沒有形成通道的閘門，並不會如同整條通道的能量運作，只會在行星過境的流日、流年，或是進入他人能量場時產生短暫接通，此時，才會暫時感受到這股能量，而非我們內在固有的特質。

▎迴路（**Circuit/Circuitry**）

在我們剛開始認識36條通道時，有兩個很重要的觀念：第一，這些通道並非單獨存在，從更高維度的整體概念來看，特定的通道之間彼此形成了迴路，共享著同樣的關鍵字與主題，因此，我們在討論單一通道時，不能將它與整體迴路做切割（下一節的＜迴路概論＞，我們將完整介紹不同迴路的特質）。

第二，整體大於部分之和，每一個人的設計都是各種迴路的關鍵字層層疊加而產生，鮮少有人完全沒有某個迴路的設計，即便真的遇到這樣的人，比方說，可能某個人的設計中完全沒有部落迴路，但也可以藉此明白，他沒有內在的部落迴路特質（家族、支持等）這點，將成為他人生中極為重要的學習。

▎格式化通道（**Format Channels**）

薦骨與根部中心相連結的三條通道，包含：42-53成熟的通道、3-60突變的通道、9-52專注的通道，我們稱之為格式化通道，它們不但擁有強而有力的能量，同時也決定了對應迴路的整體頻率（frequency）。因此，在介紹三大迴路的通道時，首先需要認識的就是該迴路的格式化通道。

談到格式化，相信使用 Windows 電腦的人一定不陌生，當電腦中毒或是第一次使用隨身碟時，需要先將它格式化，也就是將資訊安排、

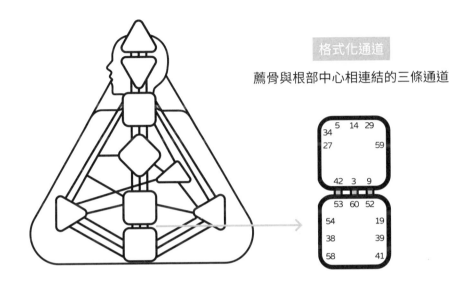

格式化通道

薦骨與根部中心相連結的三條通道

儲存成特定模式。這就是格式化通道的意義與威力：當一個人的設計，擁有完整的一整條格式化通道，這樣的頻率將帶入整體設計當中，所有的設計將帶有此格式化通道的特質。

也就是說，如果你的設計中有格式化通道的任一條，你會感覺到這些通道在你人生中的影響力，明顯遠大於其他通道，同時設計中每一條通道、每一個閘門都會帶有此格式化通道的影子。

▌類型與策略（Type and Strategy）

能量場雖然會因著每一個人的設計藍圖而有感受上的差異，但是，依照能量中心連結的方式，也就是能量的運作上，可以區分成四種不同

的形式，以因應不同的能量運作機制。為了減少人生中的阻礙，人類圖提供了相對應的決策方式。

而這四種能量場，為了方便溝通，也依照其特色分別命名為：生產者（可再細分出顯示生產者）、投射者、顯示者、反映者；個別對應的決定策略則是：等待回應、等待邀請、告知、等待月循環週期。

▌內在權威（Inner Authority）

不同的類型，做決定時各有不同的策略，而這個決定「是否正確」就要視每個人的內在權威而定。內在權威就像是內在導航系統，根據內在權威的指引做決定，是我們獲得自由、拿回自己主導權的方式。

根據人類圖的能量類型，分為以下六種內在權威：

- 情緒權威（The Emotions Authority）
- 薦骨權威（The Sacral Authority）
- 直覺／脾權威（The Spleen Authority）
- 意志力權威（The Heart / Ego Authority）
- G 中心／自我投射權威（The Self-Projected Authority）
- 無內在權威／環境權威（No Inner Authority / Environment Authority）

本書的使用方法＆建議閱讀順序

· **先找到類型策略與權威**：當我們從11頁的 QR code 跑出屬於自己的人類圖以後，先找到人類圖的核心關鍵：知道自己是什麼類型、如何做決策、如何分辨決策正確與否，是人類圖可以提供給每一個人最重要的指引。

· **理解每個迴路的關鍵字**：進到自己擁有的完整通道前，請務必閱讀迴路的簡介，了解每條通道的能量原理、運作法則，才能在生活上實驗它，並且區分出每一個人複雜的通道以及閘門，如何在生活中層層疊加。

· **從通道開始**：本書在撰寫上，雖然先提到了通道兩端的閘門特質，再開始描述通道的運作，但單獨的閘門與通道是不一樣的層次，因此在閱讀時，可以先找到自己擁有的完整通道，因為這是屬於自己的生命動能。同時檢視這股生命動能是哪兩股能量的結合？是「根部中心＋情緒中心」還是「情緒中心＋喉嚨中心」？前者可能有股情緒在底層醞釀，而後者有直接顯化的情緒。

· **黑／紅**：這條通道如果是「全黑的」，代表這是一股在意識上可以理解的運作；如果是「全紅的」，則屬於無意識的運作、身體上的表現，需要他人的提醒才會發現，但無法深刻理解的能量；如果是「一紅一黑」的閘門連結成通道，可以想像雖然有一股穩固且重要的生命動

能，但只能感受到黑色閘門有意識的一端，無法真正體會紅色閘門那一端無意識的運作，就像從空中鳥瞰公路上的車流，原本清晰可見的車流突然進入了隧道，但空拍機看不見隧道裡的模樣，也不知道盡頭在哪裡，簡言之，通道的能量還是在，只是意識上無法理解。至於「紅黑相間」的閘門或通道，則是你自己同時有意識到而且也在無意識間展現的特質。

　　• 閘門：如果設計之中有懸掛閘門（hanging gates，沒有形成固定通道的單一閘門）在有顏色的能量中心當中，代表它是固定運作的啟動閘門（active gates），可以看見自己穩定運作的特質。若懸掛閘門在空白的能量中心當中，則為一個不固定運作的休眠閘門（dormant gates），在流日過境或是他人能量場中才會啟動並放大展現。

　　• 通道另一側的閘門：讀到最後，如果想再進一步理解，可以留意自己通道中懸掛閘門的另一側閘門（harmonic gates）。因為流日過境或是他人能量場的制約中，可以看見這些通道中另一側閘門對我們的影響。例如只有12號閘門（謹慎的閘門）的人，在特定時候會受到通到另一側22號閘門（優雅的閘門）的影響，更需要注意自己對情緒表達的方式。

關於學習的幾個提醒

　　➤ 在學習通道之前，一定要先理解每一個能量中心的運作原理，才

能明白通道讓兩個能量中心彼此流通時所產生的量子力場，與單獨的閘門是不一樣的展現。

➤ 需要正確認識不同的類型。通道依據連結到相異的能量中心，會有不同類型的特質，例如從薦骨連結出去的通道，都屬於「生產者通道」，具有生產者的：回應。

➤ 因為類型就是通道連結方式的最終結果，無論有什麼樣的通道，核心關鍵一樣是自己的策略和權威。

➤ 人類圖是個強調驗證與實踐的科學，在做實驗之前，必須要知道配方以及順序為何。就像國中理化課中的化學實驗，照順序加入不同的材料，會產生特定的化學變化，這就是所謂「科學實驗的方式」。如果把順序顛倒過來，依照結果往回推演可能添入的配方，那就成了江湖術士的「鍊金術」，如果剛好有什麼合理的解釋，那也不過是巧合而已。

人類圖從來不是任何一種標籤。的確，每個學說都需要特定名詞作為溝通的橋樑，但是一個人的特質會如何展現，除了結合所有的通道、閘門、能量中心以及類型來看，更不能忽視成長環境的制約，畢竟如同前面強調的，整體大於部分之和。

希望大家在使用人類圖時，都能提醒自己，這是幫助我們做決策的工具，藉由正確的理解，才可以與世界、與他人、與自己真正地和解。

迴路概論

　　依照主題與關鍵字，總共分成六個迴路、一個通道群，而六個迴路可以依照主題整合成三大迴路群。

迴路群	迴路名稱	所屬通道
集體迴路群 Collective Circuitry	感知迴路 Sensing Circuit	42-53、29-46、41-30、36-35、64-47、11-56、13-33。
	理解迴路 Understanding Circuit	9-52、5-15、63-4、17-62、16-48、18-58、7-31。
整合通道 Integration Channels		34-20、34-57、57-10、10-20。
個體迴路群 Individual Circuitry	覺知迴路 Knowing Circuit	3-60、2-14、28-38、57-20、39-55、12-22、61-24、43-23、1-8。
	回歸中央迴路 Centering Circuit	10-34、51-25。
部落迴路群 Tribal Circuitry	自我迴路 Ego Circuit	54-32、26-44、19-49、37-40、21-45。
	防護迴路 Defense Circuit	59-6、27-50。

集體迴路群：分享

集體（Collective）與個體的運作截然不同。

集體的運作根基在於分享（sharing）。但這樣的分享並非是因為很熱心或富有人情味，它只是單純的分享，是一種共同承擔彼此經驗的機制。

集體迴路群由兩大迴路所構成：分別是感知／抽象迴路（Sensing/Abstract Circuit），以及理解／邏輯迴路（Understanding/Logic Circuit），前者的核心來自情緒中心，關鍵字是過往、進化、體驗、探索；而後者的核心在直覺／脾中心，關鍵字是未來、安全、實驗、模式。

以上兩種集體迴路跟個體的覺知迴路是主要的三大迴路，集體之所以重要的原因就在於「分享」。

從能量中心來看，頭頂中心與概念化中心是我們的心智（mind），也是外在權威（Outer Authority）。外在權威所負責的工作是事後的分析與判斷，是傳承經驗、為他人帶來靈感啟發之處，由此可以知道，「集體」其實就是心智運作的過程。

我們的心智善於分享，分享出所有個體獨一無二的特質、每個人所經歷的人生，以及彼此之間各自不同的觀點。然而，外在權威是從過去的經驗來思考、以邏輯對事實做出分析，都是用來給予他人建議，對自己而言，做決策的關鍵，仍要回到內在權威。

藉由分享，原本孤獨的個人經驗可以成為他人前進的動力；我們也透過了「前人的經驗談」得到最棒的教育。經由分享，我們共同體驗了人生的喜怒哀樂、傷悲憂愁，也一起建構了模式與未來。

但集體的分享**必須要獲得邀請**。沒有什麼比沒人想聽的故事或經驗談更煩人（感知迴路），也沒有什麼比自己不需要的評論與意見更冒犯人（理解迴路）。

個體迴路群：賦權

每個迴路都有許多重要的關鍵字，當人們聽到「個體」，可能會以為這樣的設計比較自我、與眾不同、甚至特立獨行，事實上除此之外，個體通道群更帶來了突變的過程（mutative process），這是人類進化、適應世界的重要環節。

而這也是賦權的設計。賦權（empowerment），所指的是「賦予個人或群體權力和自主性，增強他們的自信和能力，讓他們參與決策、實現自己的目標並改變自身處境」。

這是個體帶給世界的能量頻率。意思是，當一個人擁有個體的通道時，若他能依照自己的策略、權威來處事，他的覺知（Knowing）將帶來賦權的力量，鼓舞著其他人回到自我行事的步調上，拿回他們做自己的力量。

如果我們把所有的個體通道全部加在一起，會得到一個「情緒權威的顯示生產者」（情緒中心、薦骨中心都因為通道連結而固定運作，並且直接、間接連結到喉嚨中心）。代表「覺知」雖然發生在當下、在每一個須臾之間，但是沒有經過時間、情緒週期的洗禮，個體的覺知無法賦權予他人。

激勵人心的靈感可能會在一瞬間湧現，但真正的覺知則需要時間的耐心滋養。

個體的另一個關鍵是，一切都跟「聲音、用字遣詞」有關，以及我們是否能夠「清楚表達自我」。擁有個體通道的人是社會集體眼中的怪胎與局外人，對個體來說，要將自己的想法、啟發、頓悟或覺知妥善地表達，其實是困難的，這是個體終身的學習課題：「解釋自己」，若能清楚解釋你的覺知，解釋你所帶來的全新開始，個體將不再被視為怪胎或局外人，而是真正為這個世界帶來突變與成長。

部落迴路群：支持

從字面上就可以看到，部落迴路環繞在家庭與社群之上。提及部落，代表我們來到了繁衍、養育下一代的主題，進入了家族裡。

這個迴路由兩個迴路組成：自我迴路以及防護迴路。防護迴路，代表人類物種繁殖的生與養，一旦兩人之間中多了後代，則形成了小家

庭，由家庭與家庭組合起來的，就是社群與部落。

整個部落的關鍵字在於「**支持**」（support）。支持，並不是基於喜歡這個人與否，支持是基於血緣，在部落中扶養一個孩子是為了他將來的忠誠，評判的標準就是他能否延續家族的資源。

而最常提到「家族」的就屬自我迴路的通道了，在這裡的關鍵字是「**資源**」。一個人時我們的注意力放在如何愛自己，兩個人相處時則開始出現了互相尊重，但家族並非如此，家族講求的是資源，包含：資源的獲取和分配、資源的擁有與花費。

部落是一場生意，是關於經營一個家庭或社群的生意，這場生意的目的是讓我們的家族比其他的家族擁有更多的資源、更強大的陣容，讓每個人可以少一點工作，多一點休息。藉由控制資源的進出，我們也會擁有強大的意志力讓部落得以延續下去。

整合通道：自我賦權

在快速介紹了六種迴路的基本觀念之後，如果仔細計算一下，你會發現少了四條通道。通道在其定義裡，是連結兩個能量中心的生命動能，通道的兩端是兩個能量中心的閘門。但有四個閘門（20、10、34、57）可以連結出六條通道，除了57-20腦波的通道與10-34探索的通道，分別屬於覺知迴路與回歸中央迴路之外，另外的四條通道並不屬於任何

迴路，它們是人類物種發展的基礎，我們稱之為「整合通道」。

整合，一般來說指的是成功地融入、結合兩個或多個不同人事物的行動或過程，而在人類圖中，整合通道像是身體的脊柱，整合進我們整體的設計當中並在背景運作。

整合通道的運作雖然相當「個體」，但它也超越了個體。從前述可知，個體的關鍵字是賦權，讓他人獲得自主的力量，但整合通道並沒有這樣的能力，它們是代表**生存的力量**，整合通道的關鍵字是自我賦權（self-empowerment）。這裡是孤狼（lone wolf）與獨行俠的設計，是純粹的求存。

求存當然是自私的，但其他32條通道也並非愛人如己，這些都是能量的機制，只是整合通道的求存顯得較為冷漠，但這其實是一個物種必要的本能機制：「嘿，我又多活了一天。」

在現代人類這個物種中，不管你是什麼樣的類型、什麼樣的設計，整合通道帶給我們的基本主題即是：在當下的完美生存形式。

第一部

集體迴路群

COLLECTIVE CIRCUITRY

感知迴路

理解迴路

57

LIFE FORCE
STREAM
CIRCUIT

57

28

感 知 迴 路

SENSING CIRCUIT

簡介：
關於體驗、循環、過去、情緒

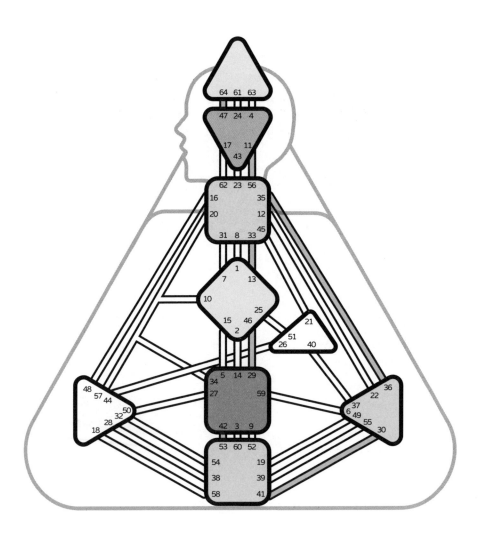

　　本書從感知迴路開始，感知迴路又被稱為抽象過程（abstract process），這是我們人類演變、發展的歷程。之所以抽象，是因為人類的體驗（experiential process）並非基於具體的事物、邏輯推理或實際的實驗（experimental process），而是透過探索無盡的可能性，和體驗各種生活經歷來進行學習和發展。比方說，一樣是回憶某次旅遊經驗，與理解迴路的不同之處在於，感知迴路的表達方式會用心得感受、鋪陳故事情節、充滿情感的散文式等方法來形容。

　　在我們的日常生活中，當人們開始一個全新的體驗，因為是初次經歷，它既新奇又帶來了強烈的情緒，我們總是滿心期待著結果，懷抱希望，滿腔熱情地投入於新事物，但是中途可能會遇到危機，或者結果不如預期，導致我們體驗到了失望的感受。

　　這是非常脆弱的過程。隨著事情開始萌芽、我們全心地投入，情緒像坐雲霄飛車般大起大落，而當一切來到終點——是的，每件事情終將迎來結局——我們也因此成長，從中獲得學習，這是一切歷史的起源，讓人類的成長可以奠基於前人的基礎之上，不必從頭開始。

　　接下來，將以一個寓言故事為大家介紹感知迴路。

　　有一個人走在鄉間小路上，走著走著他看到了一個蘑菇，自言自語地說：「走那麼久我也餓了，這看起來應該可以吃吧？不然我來吃吃看？」沒有人問他。

吃下蘑菇的人因為蘑菇有毒而死了，倒斃在蘑菇旁。殘留著有毒蘑菇的屍體，幾天後被人發現了，這個意外事件被路過的目擊者看見，並將消息帶回村莊：「不要吃那個蘑菇。」──這就是抽象迴路作為集體迴路，帶給人類的貢獻。

　　這個寓言故事的意義是，如果我們**藉由自己的策略和權威進入任何類型的經驗，我們將會擁有完美的體驗**。若這個看見蘑菇的人，在當下有被詢問、有等待情緒的澄澈（Clarity）、聽信直覺的提醒等等，那麼，即使因為吃下有毒蘑菇而死的他，也有著完美的體驗。

　　感知迴路並不在意結果，重要的是實際過程，以及在這過程中你擁有的體驗。

42-53 成熟的通道：
平衡發展的設計

有始有終

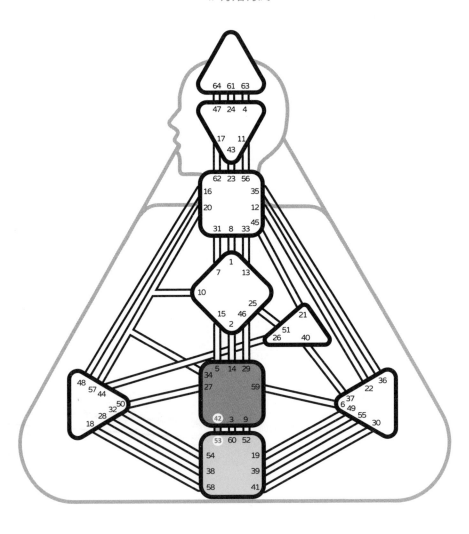

42號閘門，成長的閘門 (The Gate of Growth)

薦骨中心│益卦 (Increase)
擴張資源，將完整潛能最大化

　　當我們看到薦骨中心的閘門時，它與回應、生命力有關，42號閘門在此具有完成循環的力量，為人類生活體驗的循環注入活力，因此，42號閘門只會對於「有潛力被完成」的人事物有所回應。

　　如果你是一個擁有42號閘門的生產者，你所發出的「嗯／嗯哼」，代表你同意可以堅持某事並將其完成，就像把待辦清單打上一個大勾勾：完成！然而，如果對方所提出來的問題不包含「結束」，那麼42號閘門自然也看不見可能發生的「開始與過程」，更不用說有些事情甚至還沒開始，此時我們的心智便會介入干涉決策了。

　　舉個例子，在對內容喜好相同的前提下，比起有人問你「要不要追一部正在每週更新的影集？」42號閘門會傾向於「看一個已經完結的影集」，因為他們看得到這件事的終點，42號閘門的薦骨才會有回應。

53號閘門，開始的閘門 (The Gate of Beginning)

根部中心│漸卦 (Development)
發展是種有架構的進步過程，既穩定又持久

這是根部中心9個閘門中最具壓力的閘門，不管是什麼樣的形式：工作、關係、專案或是各項活動，53號閘門都是開始一個新循環的燃料。沒有辦法經歷完整的「開始、過程、結束」，53號閘門將體驗到沮喪和挫敗。

三條格式化通道[1]中，在根部中心的三個閘門（53、60、52）都帶有憂鬱的因子，無論如何53號閘門都要「開始」，無法開始將讓他們憂鬱。但是沒有42號閘門的53號閘門者是純粹受到壓力驅動而非察覺的能量，這是一股自然的壓力機制，因此，擁有這個閘門的人需要有耐心，依照自己的策略與權威，等待正確的時間點投入開始的能量，如此一來，才能讓事務經歷播種、發芽、結果的過程，而不被中斷。

一個體驗需要經過完整的週期

所有的一切皆有出生與死亡，任何事物都會有開始與結束，無論是線性的發展還是週期性的體驗，這就是萬物的循環。而身為感知迴路的格式化通道，42-53建立了循環的頻率（cyclic frequency）：開始、過程與結束。

這個通道短短一句話道盡了感知迴路的精髓：「正確的開始、全心的投入過程、圓滿的結束」。所有事情都會來到終點，沒有終點的體驗只能稱之為過程，結束以後，這件事才能成為過去，變成值得省思、分享的故事，而人們在這些歷史中獲得經驗的傳承，與智慧的啟發。

　　光看通道名稱字面上的「成熟」，可能會有人誤以為擁有這條通道的人比較成熟，事實上它是揭露了成熟應該有的歷程：種子、滋養、發芽、開花結果、凋謝、腐爛、播種、灌溉、再次萌芽……就像春夏秋冬，四季更迭，這是一個自然的循環，即使辛苦，依然是所有體驗都必須經過的路途。

　　有些體驗的週期可能很短，只持續了幾天、幾小時，或某個瞬間，當然也有許多體驗維持了許多年，甚至一輩子，而這當中真正核心的問題是：「如何正確開始一個週期？」

　　這是一條生產者的通道（generating channel），擁有這條通道的人必定是生產者，若要正確地進入一個體驗，生產者就必須「被詢問」。如果是情緒權威的生產者，則應該要等待情緒的澄澈。

　　這條通道的運作，建立了一個動能頻率與限制：薦骨的回應只會出現在「有潛力完成一個成熟循環」的人事物之上。

　　舉例來說，朋友問你要不要一起去吃飯？你薦骨發出了有回應的「嗯」，代表這件事情是可以完成的，不會有人中途中斷你的們飯局，你得以完成這次的赴約。從以上例子可以看見：一切事物都該來到終點，但這樣的終點指的並不是個人目標，不是要成就什麼樣偉大的豐功偉業，而是力求完成（accomplishment）。

---

1 關於格式化通道，請參見16-17頁。

體驗有開始也有結束

如果真要說人類的體驗有什麼目標，那就是體驗本身。去探索、去發現這個世界上各式各樣還沒有體驗過的事，那些人、那些事，存在於你還沒探尋過的角落。當然，如果這世界已經被探索完了，人類開始試著往火星去也不令人意外了。

至於「開始」究竟是什麼？開始有兩個可能，一個是在某事完成後，才開始新的體驗，這是經驗的成熟也是進步；另外一種則是，無論出於什麼原因，在某事還沒完成前便離開，但你當時的資源還沒有蓄積、經歷也不足，就匆匆投入下一個新的體驗，此時的你，體驗這件事的過程並不完整。

這部分要提醒的是：**體驗不該重複**。循環，指的是「有開始、會結束」這個模式。當擁有這條通道的生產者，並非因為薦骨有回應才開始，而是因為壓力啟動，這件事情不會迎來終點，無法到達終點的原因是沒有足夠的薦骨動能完成它，導致之後因為挫敗而慌亂逃走，接下來便容易陷入同樣的迴圈（loops）裡，就像春夏秋秋秋秋秋秋卻到不了冬，更別提等待下一個春天了。

例如，你為了逃離某個會對你冷暴力的糟糕伴侶，而急於投入下一段感情，卻再次遇到不適合自己的對象；或者你因為和同事間的人際衝突而決心離開，偏偏在下一個公司又遭遇類似的職場問題。

　　請記得，位於壓力中心的53號閘門，會為你帶來必須「開始」做某件事的壓力，然而，「**好的開始**」並不是指全部從零發展，而是建立在過去集體的智慧上，藉由前人或自己累積的經驗，開始並完成一件事，這樣的成熟經驗將會讓下一個開始擁有更大的力量。

　　那麼，「結束」又是什麼？結束不見得是離開，很多時候也是指階段性任務已經完成，尤其是在人際關係當中更是如此，我們很容易因為「凡事必定來到終點」的循環模式，而忽略了每一個終點皆是下一個起點，每一個句點都會引領出新的章節。

　　因此在關係中，開始結束的循環可能是階段性的，某階段的結束必然迎來的下一個階段的開始。

　　42-53作為格式化通道，這樣的循環頻率內建在每一件事當中，只要真正理解其運作原理，為自己而做，並且與他人分享，不要急著在中途停下來檢驗成果，因為感知迴路中每一個當下的體驗，都要在結束成為過去之後，才能回頭省思、找到答案。

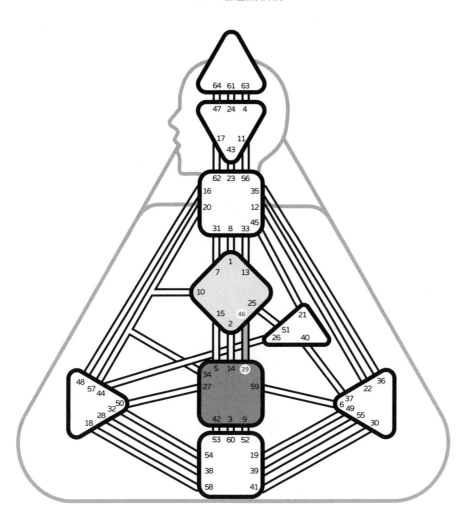

29-46 發現的通道：
在他人失敗之處成功

一路過關斬將

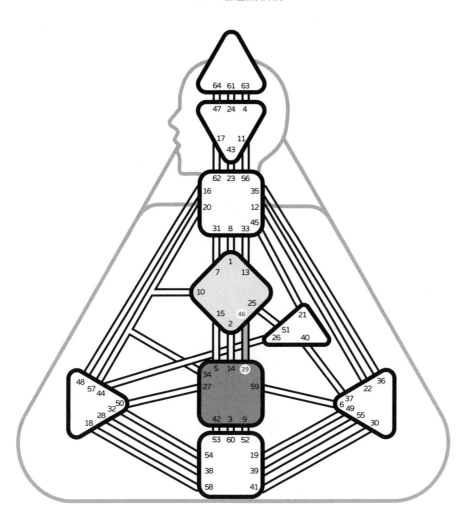

29號閘門，不懈的閘門 （The Gate of Perseverance）

薦骨中心｜坎卦（Abysmal）
深淵之深處。儘管困難重重，堅持下去總會有其必然的回報

　　我們再次來到薦骨中心，別忘了薦骨能量的釋放，必須來自被詢問後的回應。29號閘門，意味著允諾（saying yes），隨時準備好將能量灌注在承諾之上，這個承諾是生命的承諾，代表了毅力與堅持不懈。

　　事實上，29號閘門不會對任何事情都說「好」，它只對體驗（experience）和發現（discovery）說「好」。體驗，指的是「一個人通過直接參與事件或活動而獲得的知識或技能」；而發現，則是「在日常生活中已經存在，但未曾找到或學到的新事物或觀點」。

　　因此，對於擁有29號閘門的人來說，真正的承諾，不是由頭腦來判斷，是得到薦骨的回應後，你全然地投入某件事，並且於體驗結束後，明白了自己在過程中的發現與學習。

　　這是「後見之明」的設計。體驗的價值並非來自當下的判斷，而是在體驗結束後才能夠事後檢驗。

　　29號閘門的學習，是「沉浸式」的學習，當你完全置身於體驗當中，放手讓薦骨能量為你開啟前方的道路，才能走上正確的方向。

46號閘門，自我決心的閘門
(The Gate of Determination of the Self)

G中心 | 升卦（Pushing upward）
好運可能被視為來自意外，但實際上來自努力和奉獻

愛是什麼？愛的真諦就在「愛的容器」（Vessel of Love）這個輪迴交叉當中，如果把這個容器做個比喻，就像保溫瓶的堅硬外殼，代表我們的能量場（15號閘門）；保溫瓶早期的玻璃內膽就像是脆弱的身體（46號閘門）需要我們細心照料；保溫瓶裡盛裝的溶液如同血液和靈魂（25號閘門）不容侵犯；而將溶液倒出的瓶嘴，也就是我們踏出的每一步行動（10號閘門）。

身體的愛，不只是簡單的養身而已，更需要將身體視為聖殿，在這裡，46號閘門是我們在物質世界中經驗和互動的工具或媒介，平時需要尊重、照顧並聆聽自己的身體，讓它作為我們經驗世界的主要方式。

尊重身體最根本的含義，就是專注於我們的類型，依照類型所對應的策略行動，回到內在權威來做決定。

當擁有46號閘門的人能夠藉著尊重自己而開啟成功的可能，可以正確且全然投入在體驗當中，將偶然發現另一件珍貴的禮物，或者是出乎意料地找到有趣或有價值的事物，也就是收穫意外驚喜，擁有「幸運的偶然發現」。

抵達終點自然會為你帶來沿途的發現

發現的通道，意味著人生的發現之旅。

就像是神話故事裡的唐僧許下承諾至西方取經，一路上斬妖除魔，經歷了無數難關，但唐僧仍不曾停下腳步，對於取經路上的學習，他不會在每度過一個關卡，就停下來開一次檢討會，對著夥伴說：「悟空啊，我們剛剛那次的突襲做得不夠完美。」──那是理解迴路做的事。

不懷抱期待、沒有預設立場、全心全意地投入自己有回應的事物當中，是感知迴路的共同核心，也是這條通道的首要任務。讓事情自然地發生，是成功的必要條件。

如同去電影院看電影的時候，不要邊觀賞邊發表評論，或是一直忍不住跟身旁的人討論劇情走向，而是全心地投入在電影畫面和故事裡，因為當你停下來思考，劇情仍會繼續發展下去，也會造成你錯過某部分的體驗。

這條通道的兩端，透過29與46的結合，銜接了深淵與天堂，你可能會因為在這其中太過痛苦而想要中斷某件事，不停質疑自己為何要經歷這一切，不過要建議大家的是，這段旅程只需要真正來自薦骨的回應、不帶評價地深刻投入體驗，你便會在一路上發現那些一直存在，但從來沒有人見過的風景。

這是一條提醒我們活在當下的設計，畢竟人生不能暫停，你必須全

程以第一人稱視角、沉浸式地體驗。當體驗來到終點，你將發現自己在不知不覺間取得了成功，以及收穫意料之外的驚喜。

幸運，是因為遇到機會時你已經準備好了

還記得動漫《航海王》的故事核心嗎？是海賊王羅傑死前留下的一句話：「想要我的財寶嗎？想要的話可以全部給你，自己去找吧！我把所有財寶都放在那裡。」而主角魯夫在追尋 One Piece 大祕寶的過程中，並不是沒有遭逢任何困境，直奔藏寶處，而是勇敢踏上這條成為海賊王的尋寶之旅，積極全然地投入，從來沒有因為困難而退縮，而且他知道旅程還沒有到達終點。

一路上他結交了強大的夥伴、遇到讓他成長的對手，他們一起哭、一起笑，有歡樂、有淚水，有相遇，也有離別。當機會來臨時，因為主角們做好了準備，便能在關鍵時刻發揮自身最大的潛力，扭轉劣勢。

在人生途中所看見的風景、遇到的難題、結交的夥伴，都是意料之外的驚喜，也是這條通道的核心，所謂「在他人失敗之處成功」是自然的「水到渠成」。

有時，人們在前進的路上會忽略了當下每一刻的體驗，然而，如果沒有認真生活，那個被忽視的「今天」，到明天就成了被我們虛度的「昨天」，導致最終結局變為「在他人成功之處失敗」。

　　如果這條通道正確運作，便能在正確的時間，來到正確的地方，遇到正確的人，發生應該遭逢的事情。

　　這趟發現與體驗之旅，就是人生真正的寶藏。

41-30 辨識感覺的通道：
聚焦能量的設計

不期不待不受傷害

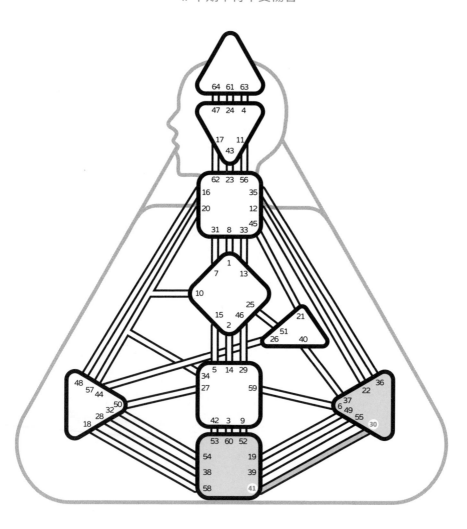

41號閘門，限縮的閘門（The Gate of Contraction）

薦骨中心｜損卦（Decrease）
有限的資源，將潛能的發展最大化

41號閘門在基因上對應起始密碼子（Start Condon），在基因當中，它就像是句子中的開頭大寫字母，開啟了人類體驗的新循環。

這個閘門作為一切的開始，在太陽走入41號閘門的那一刻起，被視為人類圖新年的第一天（Rave New Year，約為每年的1/22左右），所有的體驗從此展開。

身為壓力中心的閘門，其主題是「去體驗感覺的壓力」，如果以生活化的例子來比喻，它就像是「開始新體驗」的自動幫浦，體驗結束如同油箱空了一樣，我們會有壓力必須要補滿「下一個」體驗。因此，也被稱為「體驗的大食怪」：在每一次體驗結束後，會充滿必須要再次發起新體驗的壓力，如同飢餓的發起者（hunger initiator），不斷進食、消化、排泄，循環往復。

雖然在41號閘門中有滿滿的體驗與幻想，但它的名字其實是限縮的閘門，可以將其理解為，所有人類可能的體驗均濃縮在這個閘門之中，如果一次想要做太多事情，將會使能量過於分散，若能一次釋放、發起其中一個夢想，就可以使能量最大地發揮。

30號閘門，感覺的閘門 (The Gate of Feelings)

情緒中心｜離卦（the Clinging Fire）
將自由視為幻象，接受限制作為命運

30號閘門，它所代表的依附的火焰（clinging fire），就像吉卜力電影中的火焰惡魔卡西法，需要柴火才能繼續燃燒，而對於擁有30號閘門的人而言，要維持燃燒的柴火就是一個又一個體驗。也可以被稱為渴望（desire）的閘門。

這個閘門在情緒中心，也就是察覺中心，因此除了覺察的潛能之外，背後一定帶有恐懼。30號閘門的覺察潛能在於「能否辨識出感覺」，當41號閘門想要體驗的壓力來到30號閘門，立刻進入了情緒的範疇，這是一股對於「活出夢想與幻想體驗的欲望」。

30號閘門的能量運作是「**專注於想要體驗的渴望，而非結果**」。底層的恐懼是害怕命運（fate），感知迴路不同於理解迴路有著可預期的結果，當體驗的壓力來到30號閘門時，人們恐懼的是「命運的捉弄」，害怕命運讓體驗的結果不如原本的預期。

重視實際體驗

41-30通道是一股根部中心連結情緒中心的生命動能。根部中心是我們的壓力中心，有著極大的壓力與動力，朝著情緒中心這個察覺中心

推進，也就是說，會有一股壓力迫使我們去體驗、去感受這個世界。你可以想像這是極具能量並持續變化的生命動能。

同時，這也是一股「感受的察覺能量流」（the awareness stream of feelings），41號閘門帶著他的各種奇思妙想，說著「來吧，讓我們開始全新的體驗吧」，41號閘門不在意「完美」，而是帶著壓力開始各式的體驗。

多年前，有一個汽車品牌廣告主打內部空間寬大舒適，影片中不是用理性分析的旁白陳述車子內部空間的尺寸、可以乘載的乘客人數等等，而是讓你看見不斷從車內走出來的乘客。

當重視實驗（experimental）的邏輯迴路為萬物設下一個簡單的規範或公式，比方說，當我們遇到一則指示：「此電梯乘載上限為8人。」那麼，以體驗（experiential）為核心的感知迴路，便會想試試看站滿8人是什麼感覺？因為這股能量不是「理論上」，而是「實際體驗上」的。這就是透過體驗去「辨識」出自己的感覺，這樣的辨識感受並非侷限在當下，別忘了當這條通道接通後，情緒中心便有了定義，那股固定運作的情緒能量波將會以週期性的方式運作。

請記得，通道本身是一個固定運作生命能量流，感知迴路的體驗不會「滿足」（satisfied），它只會「有飽足感」（satiated）。換句話說，在體驗的世界裡，當你體驗了一件事情，便完成了全部的過程，你不一定會對結果滿意，但你得到了想要的體驗本身。

情緒的能量波隨著時間與體驗的進行來到了高點，在理解與情緒中心連接的通道時，千萬別忘了，每一條通都是能量中心之間的流動，而情緒的「動能」本身沒有原因可以解釋，它是一個自然的週期運作，因此，當41號閘門的壓力推著你發起一個又一個新體驗時，30號閘門的感受則會聚焦在這些體驗當中你擁有的渴望。

情緒的跌宕起伏

然而，當體驗來到了終點，也就是情緒波潰堤的時候。所有的體驗都會經過30號閘門，命運就像是站在出口處對你揮手，告訴你這並非原本所預期的結果，因此，不只是你的**情緒能量本身潰堤**，連期望也會**跟著崩落**。

是的，情緒會潰堤，感知迴路抽象波的通道能量又被稱為「崩潰波」（Crash Wave），感知迴路中情緒的兩條通道[2]都是被設計來「硬著陸」的，若是不了解自己的設計，將會因為在體驗的過程當中，經歷雲霄飛車般的情緒浪潮而感到痛苦。

當結果不如預期（事實上，大部分都不如預期），那種情緒感受與動能上的潰堤，不但讓人失控，同時也容易導致你責怪他人：「我做了那麼多準備、我那麼期待這件事，都是他毀了一切！」

當然，這是因為不理解能量運作的緣故，雖然這股能量本身的運作

建立在期待之上，但是要記得，情緒在當下並沒有真實，聚焦感受的這股強力生命動能是衝動的，也是急於發起的，**對體驗本身必然帶著預期**，若能靜待情緒澄澈，那股聚焦於渴望的感受才能獲得智慧——感受來自於事後回顧的體悟，重點是感受它、體驗它，在吐納之中接受它。這也是你對生命的渴望。

　　內在對於新體驗的渴望，將為你打開各種冒險的旅程，而你的心情會隨著過程跌宕起伏，然而，情緒跌到谷底後必然向上爬升，潮起後必有潮落。在體驗的大海中乘風破浪吧！也許我們不能改變風向，但總能控制船帆。

---

2 指41-30、36-35這兩條通道。

36-35 瞬息萬變的通道：
萬事通的設計

不管他嗑了什麼都給我來一點

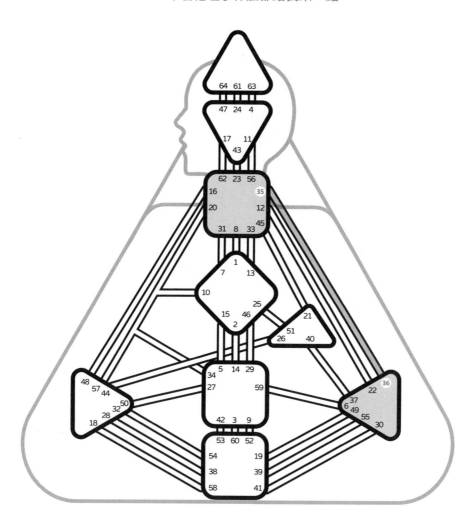

36號閘門，危機的閘門（The Gate of Crisis）

情緒中心｜明夷卦（Darkening of the light）
在循環的法則中，衰退是一個自然的過程，但不會長久持續

我們很容易被「危機」這個名字嚇到，事實上，這是一個「缺乏經驗」的閘門，當我們沒有經驗，將會進入一個尋求經驗的過程，在這個階段，危機的存在是很自然的。

36號閘門與22號閘門，是唯一兩個可以**直接將情緒顯化出來**的閘門，因此承受了極大的情緒表達壓力，有這兩個閘門的人，如果沒有找到適當的能量出口，將會埋下個人情緒不穩定的因子。

位於察覺中心的每一個閘門都帶有恐懼，36號閘門最深的恐懼則是「**體驗的不足**」，這樣的不足是指廣度上的，36號閘門的能量在體驗上承接了來自41-30通道的熊熊火焰（也就是期望），如果不趕快增添體驗的柴火，就會面臨熄滅的險境。

35號閘門，改變的閘門（The Gate of Changes）

喉嚨中心｜晉卦（Progress）
進展不會憑空出現，而是依賴互動來達成

同樣是偵測器，當41號閘門探測到油箱空了，有股壓力要開始新

的體驗，並且一路來到35號閘門，這裡是感知迴路中體驗的終點，直至35號閘門偵測到油箱已滿，即代表體驗結束。

喉嚨中心的每一個閘門都有個聲音，35號閘門在此說的是「我感覺」，感覺什麼？感覺可以做出改變。

這個閘門的表達方式是「行動」，是主要的行動閘門，與它的鏡像閘門（mirror gate）[3]16號閘門（技能的閘門，詳見117頁）一樣，35號閘門非常有才華，但這裡的才華是指「經驗上」的才華，跟理解迴路的16號閘門完全不同的是，35號閘門不會重複一樣的體驗。如同16號閘門不會停止尋找深度（對應48號閘門），擁有35號閘門的人將在危機（對應36號閘門）中不斷成長，這股能量讓你**不會滿足於一成不變**，而是會「飽足」於各種體驗。

感知迴路（尤其41-30通道、36-35通道）的情緒能量是一個充滿期待的設計——「如果我做了A體驗，就可以得到B結果」。但是期待往往帶來失望，在沒有得到情緒澄澈之前跳入體驗，感受到的則是失望後的憤怒。

面對未知，必然會有好壞無常

準備好再坐一次雲霄飛車了嗎？當41-30通道體驗的壓力來到實踐的階段，擁有36-35通道的人總是率先跳入一段新旅程。

人們對於36-35這條通道的印象，時常第一個反應就是「又有奇怪的事情發生了」，好像擁有這條通道的人，總是會遇到別人不會發生的倒楣事或衰事，甚至大家只要覺得不如意或發生「危機」，就會想是不是36-35通道被接通了？這個黑鍋背也不是，不背也不是。

這裡的「危機」，並非指擁有這條通道的人，或流年、流日遇到這條通道的時候特別倒楣，諸如：飲料打翻、機車拋錨、電腦當機……都不是這條通道底層真正的內涵，如果發生上述這些「日常災難」，倒是可以仔細確認一下平常應留意而未注意的細節、感受這些事件發生當下的情緒。

然而，我們仍然可以看見36-35通道所帶來的各式災難。這是因為一路隨著感知迴路前進的能量，一切的體驗要帶著我們發現那些還沒有經歷過的一切：從「無經驗」到「有經驗」的過程當中必然會出現危機，因為這裡不是理解迴路，並非建立模式、逐步檢驗的過程，感知迴路是由情緒來主宰，在這股急於體驗的動能之下，沒有公式、沒有準則，你不知道前方有什麼，在這樣的情況下**勢必會遇到阻礙**，這就是此通道背後的**「危機」**。

---

3 意指在人類圖位置上的對稱閘門，它們之間本質相近，但會展現出不同的特質。例如，36號和48號互為鏡像閘門，但36號的恐懼是害怕體驗廣度上的不足，48號則是擔心體驗深度上的不足。

這條通道的名字叫做瞬息萬變（Transitoriness），變化的是情緒的感受，與體驗的動能。感知迴路的能量，從根部中心的41號閘門出發，爬上了山頭來到了30號閘門，一切的壓力變成了感受，是情緒、是慾望，接下來這股能量來到了36號閘門，當你的這條通道接通，在承受極高情緒動能的壓力下，帶著滿滿的期待踏入下一個新體驗，而在體驗完成（也就是動能結束）的那一刻，期待的感受隨著動能歸零，你也將迎來失望。

萬事無常，一次又一次期待與痛苦的循環並非沒有解套。當一個人的設計當中有這條通道，就一定是情緒權威，此時，「等待情緒澄澈」絕對是唯一的解方。

但「等待」對擁有這條通道的人來說，並不是件容易的事，因為這是一條直接顯化情緒動能的通道，它有著冒險的天分，迫不及待地要跳入一個又一個的新體驗，等待情緒澄澈將成為一大難關。

追求各種不同的體驗

還記得我們在感知迴路簡介中，提到吃蘑菇的例子嗎？擁有36-35通道的人，就是那些吃下蘑菇倒地的可憐蟲。沒有等待情緒澄澈的你，將在體驗中感受到各式各樣的阻礙（也就是危機），讓你無法真正完成想要的體驗。

在此，別忘了迴路的概念，迴路是同樣屬性的通道集合，它們各自身上都帶有彼此的影子，尤其是格式化通道（42-53、3-60、9-52）直接定義了整個迴路的頻率。因此要不斷提醒36-35通道的是，感知迴路需要一個正確的開始、全然的投入以及乾淨的句點。

如果無法等待情緒澄澈再踏入體驗，這段體驗將卡在一個無限循環當中難以完成，體驗將重複發生，這會導致36-35的情緒暴躁、易怒及不穩定。這條通道的設計並非來「重複體驗」的，它是一個「萬事通」的設計，「been there, done that.」就是這條通道最根本的核心：這個我體驗過了，讓我們進到下一個。

如果你的孩子有36-35通道，你可以想像「課後安親班」這樣的制式安排對他們有多不適合，他們的情緒可能會起伏又壓抑。補充說明一下，跟這條通道呈現鏡像的是16-48波長的通道（詳細請見116頁），如果這樣的孩子去學某個樂器，他會努力持續重複練習這項樂器，然而36-35的孩子完全不適合這樣的模式，同樣是學樂器，他們更希望每天接觸不同樂器、至少也是不同老師。這是一個通才的設計，什麼活動都參加、什麼體驗都想嘗試。

這對我們集體是有極大幫助的。再以上述學樂器的例子來說明，如果你今天不知道要學哪一種樂器，你該去詢問從頭到尾只專精一項樂器的人，還是詢問每一個樂器都玩過幾次，即使稱不上厲害，但可以告訴你某項樂器在學習時會遇到哪些困難的人？

這就是36-35通道的人在情緒澄澈後，正確踏入體驗，全然地、心無旁鶩地投入在體驗當中，當動能來到低點，體驗結束，就可以**將經驗和成果分享給整個社會**，這是你為集體帶來的智慧：是的，在體驗的過程中會遭遇到某些問題，但是你已經先體驗過了，這樣的經驗能夠讓更多人知道。

　　擁有36-35通道的人，其人生最大的成就，就是他們嘗過、觸摸過、感受過各式各樣的事物：正確的開始、全然地參與在其中，然後將其中的價值分享出來。

給36-35投入體驗的幾個關鍵提點

・等待情緒澄澈再開始，無論是參加活動還是與他人交往。什麼是澄澈？當你還感受得到身體上的緊張感，就是還沒有澄澈。

・等待情緒澄澈後，開始前應該要先向會被影響到的人告知、溝通，不要玩驚喜遊戲，這些預期中的驚喜，通常會演變成驚嚇。

・全新體驗在過程中必然會出現危機，這是人類集體生活的一部分，只要是正確的開始，這些體驗再怎麼瘋狂都是必要的，別回頭也不需要一步一步地檢視，不要中途停下來評論，因為過程本身就是核心關鍵。

・當情緒動能來到了低點，體驗結束了，此時再來分享，不管是透

過書寫或口頭講述，讓大家知道這個體驗是怎麼回事。當然，這個體驗的過程，對當事人本人不見得是舒服的，但這對集體是有貢獻的。

最後，分享一個有趣的例子，如果帶著有36-35通道的人，去吃他夢寐以求的高級餐廳，從進門、點餐開始，這些體驗的動能將不斷地攀升，不管當下感受如何，都先不要評論和質疑，因為第二天以後，情緒走過了那個循環，很可能會做出與當下相反的結論。

64-47 抽象的通道：
心智活動與澄澈混合的設計

回憶過去痛苦的相思忘不了

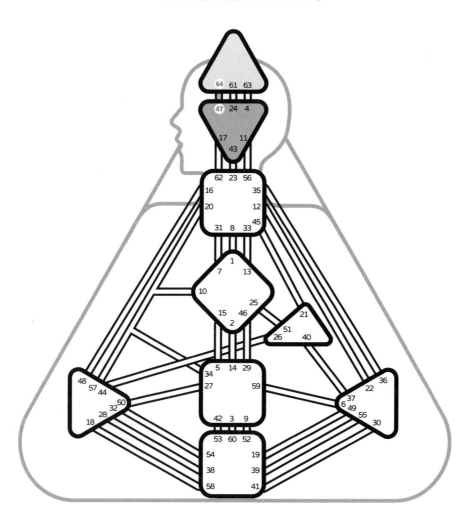

64號閘門，困惑的閘門（The Gate of Confusion）

頭頂中心｜未濟卦（Before Completion）
過渡，就像誕生一樣，需要決心和堅強的力量來通過

　　頭頂中心屬於壓力中心，這個能量中心的三個閘門（64、61、63）各自代表了不同的壓力，其中，64號閘門是將回憶儲存在大腦，因為並非按照順序排列，所以不會明白這些事件發生的起因和意義。

　　而閘門名稱的「困惑」，不該被視為負面的意義，困惑代表這是一個忙碌的心智過程，擁有大量的記憶，但這些數據大部分都是不重要的，壓力就像水閥開啟之後不停向下流洩，需要47號閘門作為過濾才能減緩這之中的壓力。

　　感知迴路的情緒能量在每一個當下進行體驗，64號閘門將記憶以「圖像的方式」儲存成能量流，待事件成為「過去」後再進行反思。這股能量將用來讓人們檢視過去，而非以此做出行動，否則會承受過大的壓力。

　　隨著時間前進，靜待腦中的各種訊息，像不斷轉台的電視節目般，直到靈感的燈泡出現，才會產生定格的畫面。而這些腦海中儲存的一個個片段記憶，都是帶著感受、不時會浮現出的壓力，建議大家不妨就讓這些腦中的壓力自然流動吧。接受困惑的狀態，我們可以在其中累積的智慧，就是別用過往折磨自己，這些偶爾出現的壓力，未來也許會成為

對他人的啟發。

47號閘門，理解的閘門 (The Gate of Realizing)

概念化中心｜困卦（Oppression）
一個限制性和不利的狀態，是由於內在的弱點或外在的力量，或兩者兼而有之所導致的

事實上，47號閘門是個讓人非常不舒服的閘門，承受了極大的精神壓力，即便在最好的狀態下，也是一種負擔。因為擁有這個閘門的人，要在成千上萬的過往記憶中，過濾出有意義的部分，唯一的祕訣就是與時間成為朋友，培養耐心。

64號閘門是抽象的靈感，因此它釋放的是「影格式的片段」，而非完整的畫面，而47號閘門識別的潛力在於辨識單個圖像與定格畫面，進而辨認出影格序列中畫面的意義，隨著時間的推進，逐漸釐清事件的前因後果，將故事拼湊的出屬於自己的版本。

為什麼說這是最辛苦的閘門？因為在過往的記憶中，你無法證實任何事情，都是在排列組合中猜測答案，隨著時間過去，也總有不同的答案浮現出來。在人生的這部電影裡，你看見的問題是誰的問題？不是自己就是別人的。記憶與情緒系統是直接相關連的，罪惡感、責備、疑惑、憤怒、傷心……這些會壓迫我們的心理，對於腦中的海量記憶，

47閘門實際上在處理的就是：現在到底是誰的錯？

因為這條通道的能量流，能夠觀察過去並試圖從過往的經驗裡，理解其中的價值。儘管它具有巨大的價值，但也非常不容易，因為試圖理解人類的本質是一項艱困的任務。在此，建議47號閘門的人把時間線拉長，不要貿然做出任何結論。

別讓過去困住你的未來

頭頂中心連結概念化中心的三條通道當中，64-47可以說是最忙碌的腦袋了。因為頭頂中心有著思考的壓力，在64號閘門在腦中儲存了大量的畫面資料，透過位於概念化中心的47號閘門，試圖釐清過往的人生。

這兩個閘門連結所形成的關係，就像是「瞎子摸象」的過程，需要時間才能得到完整的畫面。

我們已經知道，當一條通道接通時，會形成一股不會停止的生命動能，而64-47這條通道總是會讓你有往事歷歷在目的感覺，將所有事情都看作是有前因後果的連續事件，因此對同一件事情經常來回反覆思量，每一次思考卻都依循著不同的「路徑」。

你可以想像成是在玩「連連看」遊戲，但64號閘門儲存起來的記憶點並沒有標上時間順序，因此47號閘門在釐清所有資訊彼此之間的

關係時，每次都會連出不同的圖案，今天是牆壁，明天是柱子、後天又變成水管，隨著時間的推演，畫面越來越清晰，直到某一個瞬間才會發覺：「啊哈，對啦是大象！」一切突然都說得通了。

建議擁有64-47通道的人，平時可以善用心智圖來歸納筆記，幫助你整理腦袋中的各種靈感，找到每個項目或想法之間的關聯，透過畫面把資訊進行分類及系統化，你也可以在過程中補充新的資訊，延伸成更大的藍圖。

這條通道與情緒波的起伏非常類似，並且直接相關，因此，我們可以說記憶都是帶有情緒的，不會在當下得到清晰的全貌。如果想要在過往人生記憶當中找到合理性，想了解過去所發生在身邊的一切的真相，需要一生的時間來回思忖，同時也跟情緒的感受一樣，永遠沒有百分之百的肯定答案。

試著輕鬆看待日常，而非鑽牛角尖

抽象通道的字典裡沒有「絕對」，就像歷史從來就不是客觀的真相，而是單方面主觀的認知。我們都知道心智作為外在權威，可以給他人各式各樣的靈感啟發。而64-47這樣的設計，則非常適合進行輕鬆的日常聊天，比方說聊聊剛出社會的故事，或學生時代的趣事，聊著聊著話題就會像樹枝狀展開，有時還會拉不回來呢。

　　抽象通道的運作，需要理解自己在重溫記憶的過程中，會不斷地把所有記憶打散重組，如果無法理解這樣的設計，將造成你承受過大的壓力。記得，**別進行太嚴肅的討論，也不要試圖想釐清自己的人生**，因為同一件事情來回重複拆解再組裝的過程裡，記憶容易錯置，就像他們所述說的學生時期故事，隨著時間的推移，故事內容也會有些許不同。

　　抽象感知迴路來到了我們的心智層面時，持續不斷的焦慮是：「我能真正明白我的人生嗎？」不管我明白了什麼，我能夠分享給別人、刺激他們、使他人相信我嗎？別擔心，就讓時間解決一切吧，在某個福至心靈的時刻，你將能夠把你累積的人生智慧分享給集體社會。

11-56 好奇的通道：
追尋者的設計

#傳播故事的佈道者

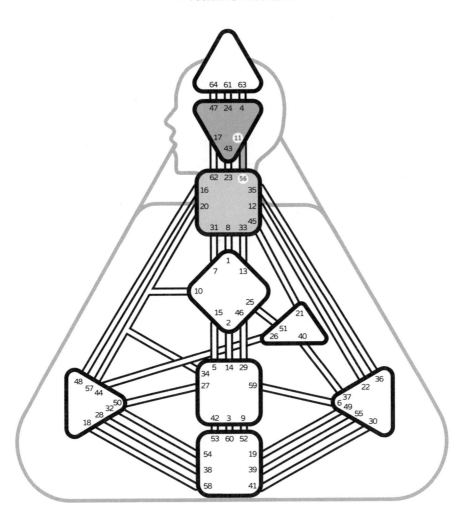

11號閘門，想法的閘門（The Gate of Ideas）

概念化中心｜泰卦（Peace）
個人與社會處於和諧狀態，使得在再次行動之前可以進行評估

　　11號閘門對應的是我們的左眼，呼應感知迴路中的情緒波，我們的視覺記憶也有週期起伏，每個當下的所見所聞都只是其中一部分，需要時間才能看見全貌。

　　這裡是想法的閘門，但想法（idea）往往並非事實（fact），它代表了各種可能性（possibilities），而這些可能將會尋求刺激（對應通道另一側的56號閘門），等待被適當地表達。可以把他們比喻為老師，當他們分享自己的想法時，總能為他人帶來影響。擁有11號閘門的人必須要認識這一點：**分享你的點子，而不是執行這些點子。**

　　每個概念化中心的閘門都有一個恐懼與焦慮，11號閘門的恐懼是黑暗（darkness），同時這個閘門也是「白魔法」的閘門，代表了追求理想主義、探尋烏托邦的閘門，是渴望可以在痛苦與希望之間追求光明的閘門。

　　因此，其所謂的恐懼黑暗並不是字面上的「怕黑」，而是害怕在過往記憶中看不見希望與光明，所以腦中冒出各種「新點子」與「新想法」，都是為了創造出「希望」。與理解迴路不同的是，這些想法不需要聽起來合理，因為此通道與情緒中心相連，所以當它到達56號閘門

時，表達出來的是希望或絕望。

11-56通道的運作與64-47在同一個察覺能量流上，兩者皆與情緒中心的41-30、36-35通道的體驗能量流緊密相關，它們都受到情緒波動的影響。但頭頂與概念化中心的設計並非「執行」你覺察到的這些新想法，而是去反思人生的經驗，**擁有11-56通道的人容易不停地思考、處理各項資訊，這些也將形成你的壓力與焦慮。**

如果要避免讓這些恐懼過度放大到令人無法承受，建議大家依照自己的策略和權威生活，所有的特質便會自然展現，比方說，擁有11號閘門的人會試圖使用各種比喻或故事，盡可能把自己的故事與經歷表達出來。

56號閘門，刺激的閘門 (The Gate of Stimulation)

喉嚨中心｜旅卦（Wanderer）
透過移動找到穩定。穩定是藉由運動實現的。透過短期活動的連結，實現連續性的延續

喉嚨中心是所有能量中心裡面最複雜的，它代表了我們能量的「質變」（metamorphic）之處，在56號閘門，它會將抽象察覺能量流的畫面與概念轉化成語言。

56號閘門將11號閘門的想法與概念表達出來，但這些想法與概念

並非代表「事實」，而是象徵一段旅程的結束。體驗的能量從41號閘門開始，這裡是起始密碼子，一路經過命運的考驗、體驗的渴望、改變的可能，直到體驗的動能結束後，我們開始反思，按照記憶中的畫面來反覆回想，一股想要找到答案的壓力推著心智不停丟出新點子、新想法來找到各種人事物的理想狀態，最後這些靈感來到56號閘門時被表達出來，這裡是基因上的停止密碼子，也是體驗的句點，一旦11號閘門的想法被表達出來，一切就來到了終點。

56號閘門有能力使用語言來表達影像畫面。11號閘門，又被稱為視覺記憶的閘門，這項能力在遇到56號閘門時（也就是有11-56通道的人），便能讓人們在聽故事時更親歷其境。

56號同時也是說故事的閘門，他們會透過分享經驗來改變事物的運作方式，將腦中記憶的片段資訊串聯起來，進一步詳述，填補想法與想法之間的空白，像是在做手工編織一樣，在白色的毛線中增添色彩、情緒，並將其轉化成一個故事，甚至是一個寓言或比喻，以便讓他人更容易理解你從經驗中所獲得的智慧。

但關鍵是，這一切必須來源於你自己的經驗。

如果接通這條通道，容易像機關槍一樣向他人說個沒完，記得要等待邀請再加入談話，因為56號閘門的溝通與表達能力在被邀請時才能展現，此時的你會比開啟對話的人更有力量。

天生的傳道者

如果眼睛會說話，11-56這條通道就代表了目擊者的聲音、說故事的聲音。

這條通道是我們人類的第一個教育系統，被稱作：家族中的耆老、天橋下的說書人，無論人們給了它什麼名字，他們都是故事的守護者，透過分享將經驗傳授給更多人。

這條通道的幾個關鍵字是「故事的守護者」、「經驗的分享者」，由此可知11-56是追尋故事，而非追尋經驗本身，換句話說，**他們是故事的蒐集者，透過分享經驗來教導他人，而非創造經驗**。

何謂「蒐集經驗」？在認識一條通道時，我們要謹記整體迴路的關鍵字，而11-56這條通道所屬的感知迴路的體驗，其核心關鍵就在於：「正確的開始、沉浸式的體驗、結束後再回顧反思」。

因此，當一個擁有11-56這條通道的人，依照自己的策略和權威做出決定，他會正確地經歷某個事件，體驗完後這件事便成為最新鮮的第一手資料，11-56的蒐集經驗，就是在經歷以上過程之後，將這件事分享給身旁的人，而非想辦法創造某種經驗，藉由頭腦去思考自己是否要做這件事。

向世人傳達出歷史的教訓

藉由11-56通道，我們可以先從他們身上聽聽故事主角最後的結局是什麼。還記得36-35通道吃下了有毒蘑菇嗎？人們會記得這個教訓，是因為路過的11-56通道目睹了這個事件，接著跑回村子裡大肆宣揚了這個故事。他們充分發揮了說書人的力量，讓其他人在踏入這個體驗之前，可以先知道可能會有的結果。

11-56通道往往有著極佳的表達與闡述能力，事實上他們相當擅長「把視覺語言化」，從他們所描述的故事裡，我們彷彿可以「聽見畫面」。就像漫威電影《永恆族》裡面的水精靈（Sprite），雙手一揮，就可以看到古巴比倫的繁華生活，他所述說的故事會栩栩如生地在我們眼前上演。

其實歷史就是這麼來的，history 等於 his story，歷史就是主角的傳記，所有的歷史都是描述者對事件的主觀描述，藉由這些人的分享，人們會從過去的經驗中習得教訓，也是因為有這樣的基礎，才使我們可以立足於當下、建構出未來。

歷史非常重要，因為它讓人類這個物種有了「連續性」，世代與世代之間不致於中斷，但每個人的過去都不同，詮釋過去的方式也各自相異，感知迴路與情緒深深連結，我們無法全然客觀地詮釋過去的記憶。到了科技發達的現代，一件事情發生後立刻會迎來數以千計的解釋角度，每一個人都希望自己的版本被相信。

被人們所相信，是11-56向眾人分享某個信念的核心價值之一，信仰體系的起源也是出自於此，他們的天賦是成為教師與激勵者，因此，這條通道比其他任何設計都更傾向相信和重視心智，也就是他們的各種想法。但事實上11-56通道不需要藉由自己所經歷的故事來自我認同，越有智慧的11-56通道，越會減少使用第一人稱。

分享可帶來啟發的寓言

延續64-47通道想要找到答案的壓力，11-56通道也會希望在分享故事時提供解答。通道是固定運作的能量，因此，我們可以明白這是一個持續進行的心智活動，而這些記憶、故事都是與情緒感受直接連結，所謂的「點子」，正是心智活動在整個情緒週期的過程當中，所產生的澄澈感受。

但抽象的情緒世界裡沒有「絕對」的唯一解，這容易讓有11-56通道的人產生某種誤解，以為自己需要追尋一個個精彩絕倫的體驗，或是不斷去發起事件、追求刺激。但事實上，這條通道連接著我們的概念化中心與喉嚨中心，它本身並不具備動能，也不是我們做決策的內在權威，這是一股用語言表達故事的力量。

因此，對於擁有11-56通道的人來說，活出自己的設計相當重要，當他們正確運作而分享出來的故事，可以激發他人的好奇心。他們是「經驗的導師」，但導師需要被邀請進入能量場：顯示者可以在進入他

人能量場後詢問對方是否想聽；生產者需要被詢問是否有回應想要向人分享；投射者則必須被辨識出有適合分享的才能。當11-56通道真正回到自己的類型時，這個世界便獲得了擁有各種經驗的傳遞者與導師。

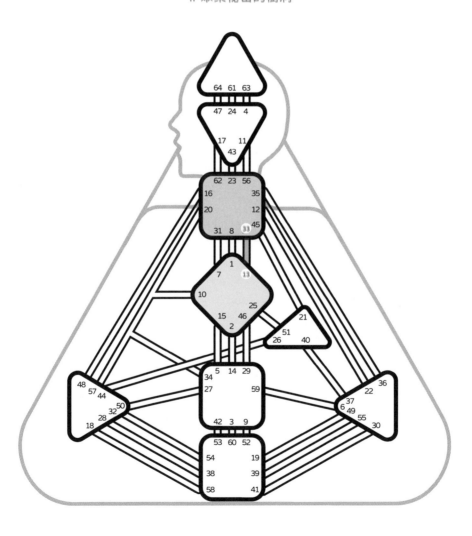

13-33 浪子的通道：
見證者的設計

\# 聚集祕密的樹洞

13號閘門，聆聽者的閘門（The Gate of the Listener）

G 中心 | 同人卦（The Fellowship of Man）
有序架構下的普世觀念和價值，激發以人為本的合作

如同前述，感知迴路代表著「體驗」的過程，這正是人類演變的方式。這個過程始於連結在根部中心的41號閘門，它是體驗的開始，體驗最後在13-33通道（見證者和浪子）完成。這當中有重要的含義：直到過程真正結束，我們才能有所收穫、學到東西。

代表自我、方向與愛的G中心裡面總共有八個閘門，分別形成人面獅身（the Cross of Sphinx）以及愛的容器（the Cross of Vessel of Love）兩個輪迴交叉。人面獅身的四個閘門（1、2、7、13）都跟方向有關，其中只有2號閘門是真正的方向（direction）（請參見181頁），其他1、7、13則是對方向的觀點（perspective）。

13號閘門呈現出來的觀點是「反思」、「事後反映」，向人們傳遞過去的經驗。以車子作為譬喻的話，13號閘門就像是「後照鏡」，在人生道路行駛的過程中檢視後方作為前進的參考依據。

也因此，這個閘門有個神祕的特質，它是「聆聽者」的閘門，又被稱為「樹洞」，**總是會吸引其他人來分享他們的經驗**。除了經驗以外，你也有可能遇到認識很久或者還不太熟的朋友及同事，來找你分享煩惱或心事，那些是對方不會向別人說卻會對你說的祕密（儘管你有時候只

是不經意聽到），因為這是見證者的能量特色，也是整個感知迴路過程的終點，一切體驗都將匯集在13號閘門。

對13號閘門來說，關鍵在於「每一個體驗都是全然投入」，這樣才會為你提供足夠的資訊作為未來的反思，這也是13號閘門的優勢，透過週期性知識的累積成為記憶，對集體做出貢獻，從過去的經驗為人們指引出更好的可能。

33號閘門，隱私的閘門 (The Gate of Privacy)

喉嚨中心｜遯（遁）卦 (Retreat)
主動撤退，從弱勢轉化優勢的蛻變過程

位於喉嚨中心的33號閘門說著「我記得」、「我不記得」，它是三個獨處（aloneness）的閘門之一（12、40、33）。當體驗結束的時候，感知迴路的設計將處於「最弱」的狀態，因為他們所受到的誘惑就是跳入下一個經驗，而來不及沉靜下來，反思他們所過去經歷的一切。

因此，為了真正地理解人生，33號閘門必須給自己時間反省，最好是每天或一個體驗結束時，**創造一個能夠不受他人影響的環境，讓你有機會反思自己所經歷的人事物**，藉由這個過程，你會記得所有事情，認識它們的基本價值，並且將自己的所思所想回饋給他人。接著，再繼續下一個體驗，這可以幫助你將原本的弱勢轉化為優勢。

由此可見，33號閘門的「撤退」是主動的，這並非在躲藏或逃避，而是為了積極地生存下去。然而，33號閘門可能會受到喉嚨中心「必須分享的壓力」影響（尤其喉嚨中心沒有定義的人），在還沒有累積足夠時間沉澱的狀況下，就不小心說了不該說的話。因此，你必須**在充分「消化之後再反饋（reflect）」你的觀點**。

從過去的經驗不斷學習與進步

感知迴路的抽象體驗，核心的關鍵之一在於「後見之明」。

對聚焦於未來安全模式的理解迴路（第二章會再詳談）來說，他們是著眼於預先的防範，追求先見之明，然而，英文有句俗諺叫做「星期一的四分衛」，指的就是「在比賽後說得一嘴好球」，也許大家會認為這些只是空話，但事實上人類的成長是非常仰賴這些「事後諸葛」的。

我們常聽到「血淋淋的教訓」、「歷史總是重複上演」，正是因為人們輕忽了事後的檢討和反思，Netflix 上有一部輕鬆的哲學小品《良善之地》，其中一個劇情就是在討論，為什麼人會重複錯誤？答案是因為「沒有記憶」。

13-33浪子的通道是見證者的設計，這條通道的之所以重要，是因為沒有他們的正確運作，社會集體累積智慧的過程中，就沒有任何東西可以相互分享。感知迴路的週期從動力中心的壓力開始，以浪子的反思

為終點，這是一個成熟過程（42-53）的自然結束。

也因為感知迴路中自帶動力，總是誤以為所有的分享應該要「盡早行動」，以免錯過任何體驗，但事實上，**分享前你需要暫時隱退於幕後，進行獨處與反思**，靜待被詢問才能夠正確、完整地表達分享其中的智慧。

放下期待的重要性

這條通道的背後有著兩個經典的寓言故事：浪子、樹洞。

浪子（prodigal），來自於聖經《路加福音》中的「浪子回頭」故事，故事中講述了一個浪子離開家庭，揮霍財富後回到家中並獲得父親的寬恕，這個故事成為「浪子回頭」的象徵，而 prodigal 一詞就是來自於此。

在這個寓言中第一個重點，是浪子的「離家」，這裡的離家象徵著「全然投入」。我們在前面的通道中已經明白，感知迴路的週期運作，內建了心懷期待，隨著動能的嘎然停止，瞬間跌落到失望的谷底。而「放下期待」絕對是全然投入在體驗與經歷當中的首要條件。

第二個重點則是「回頭」。浪子離鄉背井，隻身闖蕩江湖，體驗過高山低谷後，為什麼會回頭？儘管寓言裡告訴你是因為錢財散盡，但在這條通道的意涵上，關鍵在於「反思」。當然，反思有以下幾個條件：

1. 正確的體驗。

2. 體驗結束後的獨處。

第二個寓言，是關於「樹洞」的故事：希臘神話中的米達斯國王（Midas）因為評論阿波羅的音樂而被詛咒，長了驢耳朵，羞憤的米達斯終日戴著帽子，唯一知道這個祕密的理髮師因此被要求不可以說出去，否則將被處死。

承擔這個祕密的理髮師，因為無處訴說而飽受煎熬，有一天在森林裡看見一個樹洞，便悄悄對樹洞說了國王有驢耳朵的祕密，到了第二天，樹旁長滿了茂盛的蘆葦，只要風吹過，便會不斷發出「國王長了驢耳朵」的聲音。

當然這是個寓言，13號閘門被稱為「樹洞的閘門」，就像有著特殊魔力般，總是吸引他人前來分享內心深處的祕密，許多時候這也將為你帶來心理上的負擔。事實上，祕密本身可能不見得是我們想像中誰和誰的八卦，或是隱藏在表面底下的真相。更多時候，祕密就是我們的日常經歷，或是曾經的體驗中，值得被傳承下去的小祕訣，不是那些「聽來的」消息，而是認真生活時「無意間」獲得的資訊，在經過消化深思後的記憶。

這是我們與其他哺乳類動物的不同之處，一頭走失的羊無意中發現了絕佳的覓食地點，即便牠回到了羊群，羊群也不會因此轉向去找尋剛

剛的草原。但13號閘門對眾人敞開，我們不需要靠自己衝撞或從零開始，而是可以在前人的樹蔭下乘涼，少走一些冤枉路。

　　祕密，是蒐集而來的經驗，是無意間聽到、學到，透過獨處並且深思以後獲得的體悟，最後在眾人詢問之時，說出「我記得……」，藉此將你過去的經驗、歷史中的教訓回饋給人們。

　　迴路中的每一條通道特質都是彼此互相關聯的，無法獨立來看。感知迴路帶給這個世界最重要的價值，就是我們需要有上路出發探險的人，有吃下蘑菇的人，更需要有人詳細描述吃蘑菇的過程與畫面，有人分享這些經歷，才能讓集體社會受益。

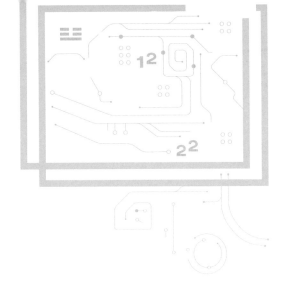

57

28

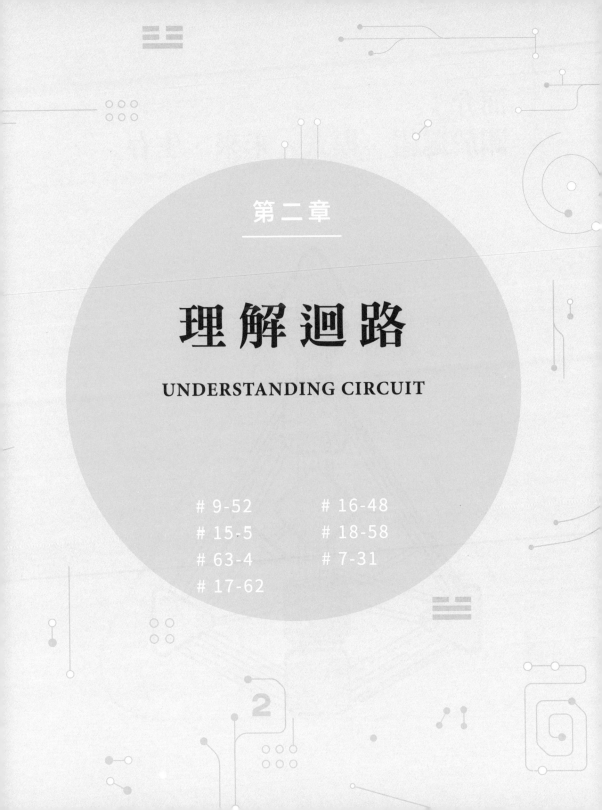

第二章

理解迴路

UNDERSTANDING CIRCUIT

簡介：
關於邏輯、模式、未來、生存

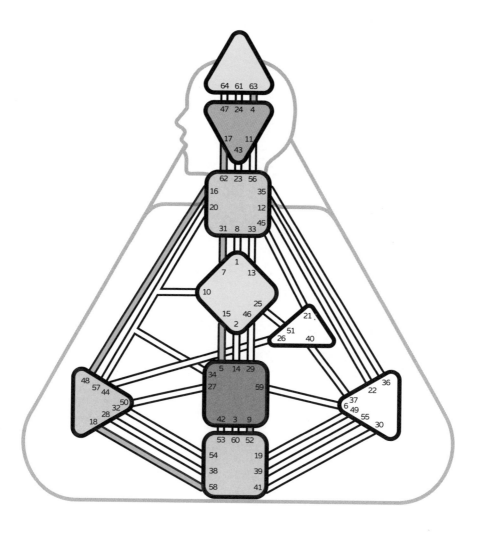

前一章我們談了感知迴路分享的各種人生體驗，本章要進入理解迴路分享的意見與看向未來的模式（pattern）。

中文裡的「模式」，很容易讓人誤以為是平常慣用的 SOP，或生活習慣上特定的框架和標準。但理解迴路（Understanding Circuit）的模式，指的是一種「未來的、可預期的、安全的邏輯過程（logic process）」。

邏輯存在於我們生活中的各個層面：社會經濟的結構、政府的組織、委員會的體系、網際網路的運用、結婚週年的訂位服務、明天的氣象預報。邏輯是什麼？簡單來說，邏輯指的是「如果我做了這件事情，就會得到那個結果」。

但我們在前一章的感知迴路裡已經知道，生活經驗不是如此運作的，合乎邏輯的事情，不代表它一定會發生。邏輯的理解迴路「與情緒無關」，在這裡眼前所看到的不是「週期」也不是「體驗」，感知迴路專注在理解「過去」，思考人生曾經歷的一切，而理解迴路則專注於將人們帶入「讓未來安全無虞的模式」，為了達到這個模式，要重複實驗與測試，直到我們找到答案。

理解迴路的根源是直覺／脾中心，這個能量中心的關鍵是生存。

人類為了生存，不斷地重複測試各種方法，試圖找出最安全的基礎，但理解迴路的顯化與展現，並沒有直接連結到動力中心，不像感知

迴路根植在情緒的動能之上，可以想像，理解迴路的邏輯為了要得到「可行的模式」，永遠都在「尋找能量」，就像所有的科學研究院都必須要等待資金，沒有資金就做不了研究。

如果對於未來沒有穩定的安全感，人類則會充滿恐懼。我們必須把每一個今天當作明日的基礎，模式才能建立起來，這是一個長期的過程，所以人們才會許下生日願望或為了新的一年祈禱。沒有當下的安定，不會對未來抱有進步的希望：這是一條邁向「完美」的道路。

然而，「完美」真的存在嗎？

完美不存在於感知迴路當中，感知迴路重視的是體驗，當然，如果在體驗的路上能得到智慧或啟發就太好了。事實上，以邏輯來說，完美也不存在在理解迴路之中，因為每一件事情永遠都可以「更好」，這就是整個理解迴路的難題，也是理解迴路向前的動力：**面對那些不夠好的事物，持續地糾正它、挑戰它。**

這樣的邏輯系統與感知迴路的「信仰」並不相同，邏輯在本質上永遠會遭受挑戰、接受辯證，「真理越辯越明」便是理解迴路的核心價值，也是他們的成長方式。其中的祕訣在於：**發表自己的意見之前，永遠都要等待被詢問。**

理解迴路與感知迴路構成了集體的過程（collective process），邏輯與抽象（logic and abstract），是人類的大千世界，他們的關鍵字

是「分享」，但千萬不要以為這個分享是因為出於無私的愛，集體的分享是「之所以告訴你自己的想法和體驗，是因為他們理解了但你還不理解、他們體驗過了但你還沒有」。

簡單來說，這樣的分享需要被邀請，否則就會變成是強迫他人聆聽。也因此，沒有經過「等待被詢問」就主動分享的意見和體驗，是會被忽視而且對集體沒有價值的。

9-52 專注的通道：
毅力的設計

#隨時開啟勿擾模式

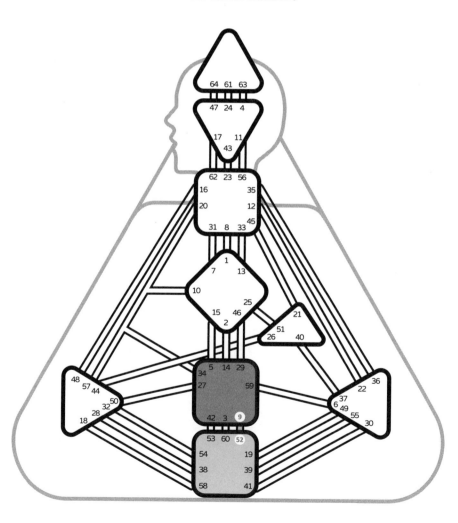

9號閘門，專注的閘門 (The Gate of the Focus)

薦骨中心｜小畜卦 (the Taming Power of the Small)
給予所有相關面向的細節關注，潛能得以被實踐

　　這裡是掌握細節的能力，但並非指心智上的留意細節，而是來自薦骨專注於細節的能量。

　　9號閘門與62號閘門相關，62號閘門是「大量的細節」（請見110頁），9號閘門則是「駕馭細節」，兩者都是位於邏輯迴路中的閘門，同時也都屬於純粹的「機械式運作」而非察覺能力。

　　駕馭、掌握細節，是一股可以持續嘗試做某事的能力。這樣的毅力來自於薦骨的回應，正所謂「千里之行，始於足下」，透過9號閘門，我們能夠真正地認識到生產者運作的本質，一步步向前，專注、不錯過任何一個過程。

　　這裡所處理的細節，不是等著被歸納成想法與思考模式的資訊，而是在建立下一個行動與未來可能的模式時，必須要有的細節，若沒有這些細節就不會產生穩固的基礎。

　　當生產者被詢問才得以正確啟動薦骨的能量，此時，9號閘門的設計將會為你帶入更多細節，也只有在他們經歷這些細節後，他們才能再進入下一個細節。而且當你越專注在回應之中，過程裡就會有越多的細

節浮現。舉例來說，9號閘門有開啟的人，在安排行程的規劃、為了聚會或任何活動做事前準備時，當他越專注策劃這件事，就會發現越多值得留意的細節，比如注意天氣預報、確認路線、提醒大家要攜帶哪些物品、預留集合時間等等，以確保後續都能順利進行。

當9號閘門沒有專注在自己的回應上、沒有任何事情可以專注，或準備好要專注於某事，卻由於缺少52號閘門，無法保持靜止不動——這些狀態都會造成他們沒辦法將能量轉化為未來可行的模式，而導致長期且慢性的憂鬱。

52號閘門，無為的閘門（The Gate of Inaction）

根部中心｜艮卦（Keeping Still）
為了評估的利益，暫時且自我施加的不採取行動

52號閘門，代表靜止的閘門，更具體地來說，這是一股專門用來幫助你「專注」的燃料，這樣的燃料並不是主動及動態的，而是被動和靜態的能量。

這股靜態、被動的能量，與其他根部中心的能量不同。雖然集體迴路群裡的閘門，因為圍繞著關鍵字「分享」，其本質上都帶有社交性，但在這裡因為被動能量的特質，52號閘門會選擇主動撤退，專注在回應之上，並從中獲得好處。

　　好處就是他們會去「評估」其中的利益，因為如果沒有任何值得專注的事，就沒有什麼可以行動的，在這個評估的過程當中是充滿緊繃的。因此，當52號閘門有開啟的人找不到焦點、沒有開啟9號閘門時，他們就像是隨時將弓拉滿，卻沒有靶心可以瞄準，導致底層生出一股焦躁不安的感受，容易鬱鬱寡歡或陷入慢性疲勞之中。

　　而52號又被稱為「佛陀的閘門」，佛陀是坐在菩提樹下入定，而不是跳起來到處走動。52號閘門提供給整個理解迴路的能量，正是讓邏輯可以在沉穩的力量裡集中、專注地重複驗證可靠安全的未來模式。

身心合一的境界

　　如果你要去圖書館讀書、熬夜加班完成專案，找個有9-52通道的人陪你一起吧！當你身處在一個有正確運作的9-52能量場，你將會被引領到專注、聚焦的世界裡，跟著他們一起忘我地投入在事物當中。

　　不要忘記我們在＜迴路概論＞裡提到格式化通道的原因，正是因為格式化通道決定了整個迴路的頻率，就像電腦格式化一樣，而9-52通道則讓理解迴路的邏輯內建了「專注」與「聚焦」的運作。

　　專注的能量就像是是弓道一樣，沒有靶心（9號閘門）我們不知道該聚焦於何處；沒有將弓拉滿、保持靜心（52號閘門），則無法正中紅心。這裡是非常固定（fixed）的能量。

9號閘門雖然是專注的能量，但能夠讓我們保持專注還是要歸功於52號閘門的入定能力，52號閘門的靜止，是指生理上的靜止不動，我們需要堅定才能重複驗證其中的邏輯。當然，所謂的靜止不動，並不是真的「一整天都完全不會動」，就像蝸牛看似不動但其實會隨著時間緩慢移動，這裡的**靜止不動是在消除不必要的能量輸出，將動能聚焦在有回應的事情之上**。

舉例來說，當擁有這條通道的人，非常專注在眼前的某個工作上，可能會經常到午休時間才發現，自己不小心一整個早上都忘記喝水或起身上廁所；訝異某些同事怎麼會總是坐不住；或者有一通電話打斷了手邊正在專注的事，也會讓你特別煩躁，因為你會想盡可能避免多餘的能量消耗。

專心做好一件事

提醒大家，生產者的本質是「**按部就班**」，而這就是9-52通道所建立的生產者頻率：一次做一件事情，並且帶入一個個細節，完成某項細節再進入到下一步，接續下一個細節。那是一種自然的能量流動，不需強迫也不會焦躁不安，就如同走進了一片森林與草原當中，是平靜且自然的頻率。

這些細節是為了建立未來更好的模式，屬於整個邏輯迴路為集體帶來安全感的能量來源，這裡不是情緒在運作，不沉溺於過去，這裡仰望

的是未來，追求著不斷修正、趨近完美的模式。這裡要挑戰所有的權威與公式，藉由當下正確的判斷，重複實行至可以熟練地應用為止。

因為這條通道的設計「一次只能做一件事情」，如果讓9-52通道在同一個時間點進行不同的事情，將會引發出他們的暴躁與焦慮不安。這是生產者的通道，如果要達到專注的狀態，生產者必須「被詢問」，才能真正知道自己應該要專注在什麼事情之上。

這一切需要在能量場中的「回應」才能獲得價值，如此一來，便可以深入於各個事物、獲取資訊、掌握細節，清晰地看到未來可行的模式，並且為你帶來真正的毅力與堅持。

15-5 節奏的通道：
生命之流的設計

決定整體節奏的鼓手

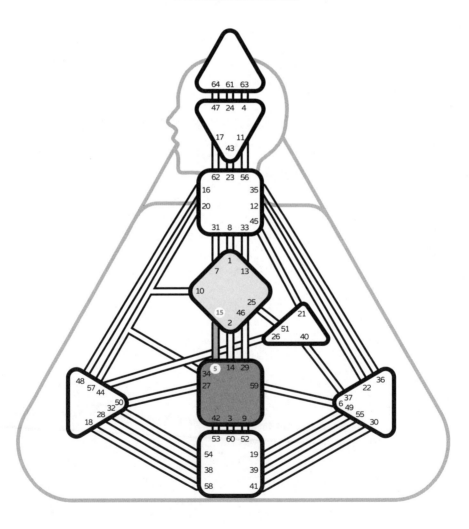

15 號閘門，極端的閘門（The Gate of Extremes）

| G 中心｜謙卦（Modesty）
表達出適當平衡的行為品質

　　15 號閘門有非常多名字，第一個最常提到的，這是輪迴交叉愛的容器四個閘門（15、46、25、10）中的其中一個，代表了我們的能量場，是具有磁性的自我（magnetic self）。當兩個人各自擁有一條通道的兩端，我們稱之為電磁（electro-magnetic），在關係之中的動態將以「吸引↔排斥」、「愛↔恨」的方式展現。但擁有這三條通道（21-45、15-5、36-35）兩端閘門的兩人，彼此會需要花點時間理解對方，因為他們的特質會以完全相反的方式呈現。

　　這裡又被稱為極端的閘門，如同「一樣米養百樣人」，把每一個人獨立來看就是一種極端的表現，就像位於光譜兩端的紅與綠，在集體之中所有人都有屬於自己的位置。

　　如果要說什麼叫做愛，15 號閘門表現出來的是，**尊重每個人的類型（四種類型有各自的能量場），與人類行為的多元性**。

　　這個閘門代表了對於人類的愛（love of humanity），但並非指我們要愛人如己、敦親睦鄰，而是只要能夠讓每一個人回到自己的類型與權威，我們就會有健康的能量場，因為當所有人都各司其職，按照自己的生命之流活著，那麼集體就會有可預測的行為、安全的模式以及更好

的未來。這是整個理解迴路對愛的表達方式：「人生沒有那麼糟，未來永遠可以更好」。

舉例來說，15號閘門有開啟的人，面對連續請好幾天假的同事，不見得會特別親切地關心對方，是因為他們能夠理解每個人生來就有所不同，認為所有人都有他自己的位置或角色，他們平時可能也會有些極端的情況，比方說連續工作半年才突然休好幾天假。

5號閘門，固定節奏的閘門（The Gate of the Fixing Rhythms）

薦骨中心｜需卦（Waiting）
大自然律動最根本的共振能量，等待回應作為一種積極的覺察狀態

人類圖創始人 Ra Uru Hu 曾說：「如果可以有選擇權並且能夠按照數字和階層的方式喚醒『薦骨』，我會從5號閘門開始。」

這是一個等待的閘門，但等待並不是指靜止不動，那是52號閘門被動能量的運作。在5號閘門，等待是一種主動的狀態（active state），在回應的動態中找到固定的節奏，為邏輯迴路提供穩固不變的基礎。

這個閘門的力量相當強大，不過5號閘門只對「正確的節奏」有所回應。所謂正確的節奏不是指心智思考判斷出來的合理分析，而是確實地詢問薦骨，例如：「你今晚想跟我一起去看電影嗎？」如果薦骨的振

動發出否定的「呃」，並不是由於電影不好看、不想跟對方出門等等，單純只因為這不是正確的模式，你平時已經習慣了下班後就回家休息，如果違背了節奏，這不會是個舒服的夜晚。

「固定節奏」對於五號閘門來說非常重要，這樣的節奏源於薦骨的回應，是出自生理時鐘而非心智上的喜好，這是某種習慣、日常節奏，是一種儀式感（ritual）。仔細注意你生活中的自然節奏，固定它、堅守它，讓它變成一種儀式，別讓任何人打斷它，那是有害健康的。

建立日常生活的儀式感

理解迴路的整個邏輯過程從專注開始，需要驗證一切模式，但是專注不可能維持一天24個小時。專注的能量會自然而然地追求一個模式，而按照時間表就是最基本的一種，讓我們可以「合乎邏輯、養成習慣、重複運作」。沒有這種節奏與模式的養成，人們無法專注，邏輯驗證也難以實現。

這是一股從9-52通道延伸出的能量：任何專注都必須要在流動當中。藉由時間管理，你會漸漸養成某種習慣，它是重要的步驟和過程，以確保可靠安全的未來。比方說，訂個番茄鐘，你就能重複執行「工作25分鐘，休息5分鐘」的模式與節奏。

任何理解迴路的設計當中，都強調正確的節奏與良好的習慣，才能重複驗證模式。但「儀式感」這件事情對15-5至關重要。如果你有這條

通道，習慣在早上八點起床，起床後一定要喝咖啡，下午一點會午睡，午飯後一定會喝一杯無糖綠茶，那麼，別讓任何事情阻礙你，把這些習慣變成神聖的儀式吧。

在生命之流中找到自己

世界上的人們有著成千上萬種模式，而節奏，就是讓所有不一樣的儀式成為固定的模式，任何模式都會成為更大模式中的一個固定模式。就像管弦交響樂，每種樂器都有專屬的旋律，旋律中的每一個樂章、節拍和音符都是促成整體協調的一部分，缺一不可，少了任何一個音符，這首交響樂就不會和諧。

這就是集體之愛，這樣的愛不是浪漫或占有，15號閘門身為「愛的容器」其中一個閘門，這裡代表的是自我（self），藉由位於薦骨中心的5號閘門生成特定的模式與規則，只要維持它、大家各司其職，我們就能彼此「相愛、互不干涉」，嚴格來說，人類就不會因此互相殘殺。

一旦規則被破壞，也就是未來的模式不再安全了，集體之間便會無法相互信任，此時，人們會退回「部落與家族」，那裡是建立在情緒與物質的支持之上，背後代表了資源的獲取與分配（詳細請見〈迴路概論〉25頁）。

比方說，有些人無法接受新移民，認為彼此說著不同的語言、有不同的生活習慣和文化規範。這是因為心智無法理解，其實所有的模式都

包含在更大的模式當中，世界是由每個不同的物種所組成，甚至在地球之外還有更廣闊的宇宙。

當我們可以坐下來，觀想這世界的一切都在大自然的流動之中：浪潮打在岩石上的聲音、炎熱夏日後的午後雷陣雨，樹林間雨後的清新、樹梢間的鳥鳴、微風吹拂樹林、探出頭的野兔。大自然不會排斥彼此的模式，這是**真正的臣服**。

臣服，是唯一的方式。臣服，不是心智上的臣服，而是真正地理解一切形式（form）：節奏的通道，擁有這條通道的人必定是生產者，只有不認識自身設計的生產者，才會主動發起新的模式，試圖掌握生命的流動。但是藉由薦骨的回應，生產者才能找到自己的的節奏，透過這個節奏，將一切正確的人事物帶進生命之流中，也是因為這個節奏的運作，集體社會最終獲得了一致的模式與對安全的未來。

63-4 邏輯的通道：
融合內在寧靜和懷疑的設計

＃十萬個為什麼

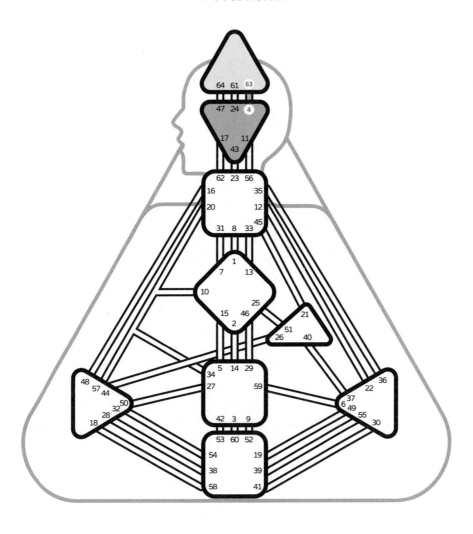

63號閘門，懷疑的閘門 (The Gate of Doubt)

頭頂中心｜既濟卦（After Completion）
在生命的螺旋中，所有的結束都是開始

　　頭頂中心是一個壓力中心，這裡的壓力將以「問題」的方式出現，在63號閘門呈現出來的是猜疑、懷疑與不信任的能量。邏輯是這個世界運作非常重要的部分，整個邏輯過程從「懷疑」開始，將一切投射到未來，不停尋找一個合理的模式。

　　身為壓力中心的閘門，63號所展現出來的壓力是一種「不確定的壓力」，需要證據、事實與答案，一旦看不見未來確定可行的模式，便會立刻產生懷疑，可以說是真人版的「滿頭問號」。

　　建議大家不要以負面角度來看待這樣的設計，一個好的問題會帶來好的答案，邏輯的發展來自問出了正確的問題，從「為什麼坐在浴缸裡，水會滿出來？」、「為什麼鳥類會飛但人類不會？」到「蘋果為什麼會掉下來？」、「是不是有我們肉眼看不到的生物？」最後甚至出現了「為什麼從天文光譜儀中觀察到宇宙在擴張？」我們因此學會了計算體積、發現地心引力，更為了研究微觀世界發明顯微鏡，也在浩瀚宇宙中觀察到了黑洞。

　　是「問題」主宰了我們的未來，而非「答案」。

4號閘門，公式的閘門（The Gate of Formulization）

| 概念化中心｜蒙卦（Youthful Folly）
| 儘管無知，仍成功誘騙；遠離懲罰的能量

邏輯思維的過程有以下四個階段：

- 幫問題找到答案與公式。
- 以細節將公式組織為結構。
- 重複驗證並實踐。
- 修正模式中行不通的部分。

4號閘門為邏輯迴路提供了可供實驗的解決方案，它的潛能為不斷審視此模式是否有問題。

4號閘門面臨了一種邏輯上的恐懼，**害怕混亂、擔心沒有秩序**。人類的歷史上發展出了無數個系統，只為找到某種秩序來解決心智上的焦慮。這是因為想在社會中找到安全感，比方說：正常供給的電力、準時到站的火車、供貨充足的超市，或者科學公式、經濟走勢、血型占卜與人格分析。

同時，這也是個幸運的閘門（the gate of fortune），這裡的幸運，可以聯想成幸運餅乾，當我們抽出餅乾中的籤詩，讀了紙條上的名言佳句、看見了某些答案，原本心中的困惑和煩惱，似乎就可以因為接收到指引而感到安心，不需要再那麼恐懼。

　　這就是為什麼這個閘門具有提供答案的天賦，隨時隨地、任何時刻皆能提供「答案」，因為答案令人安心，答案讓人不再焦慮。但是答案只是邏輯過程的開頭而非終點，這也是為什麼4號閘門又被稱為「年少無知的閘門」，符合邏輯的答案並不一定等同於事實，只有在經過測試和重複實驗之後，才有可能成為真相。

答案將伴隨著問題出現

　　63-4通道對一切的懷疑是必要的，對於整個邏輯的系統來說，沒有懷疑就不會想要找到答案，也不需要重複實驗確認是否正確、能否完美。因為這些質疑，人類才得以找到對未來安全的模式。

　　理解迴路的邏輯思維模式，與感知迴路的情緒經驗極為不同，經驗是包羅萬象的，而實驗則是專注在特定範圍內。這樣的專注是輕鬆的，因為專注的思緒會投射於可依靠的模式、安全的未來。但是只要他們所專注的內容出現「邏輯不一致」、「說不通的道理」、「不可靠的模式」，他們會立刻陷入懷疑，同時在腦中找尋答案。

　　如果你與這條通道的人說話，他的回應常常會先重複你們對話中所提到的內容，思考這些是否能夠推演到未來？就像安裝了「這合理嗎？」的過濾器在他們的腦海中，任何思緒進入到他們的腦中，必須要先通過這道關卡，想想這個模式有沒有問題。舉例來說，當主管對你說:「下午的會議要順延到明天。」有這條通道的人往往會立刻反應一句:

「會議要順延到明天是嗎？」並且在心中開始思考：已經安排休假的同事怎麼辦？我要怎麼調整明天的工作？

　　一旦發現模式的「問題」，同時間「答案」也會隨之浮現。因此，我們會注意到，在跟這條通道的朋友對話時，他們會以問句作為開頭，但事實上對方並非真正在追尋答案，因為答案已在他們提出問題時一起出現，他們內心其實認為把會議順延到明天並不合理，就像印有答案的考試卷，提出來只是在「驗證」答案而已。

用問句包裝而成的評論

　　通道是我們的生命動能，這樣的驗證是個持續的過程，「問題與答案」是硬幣的兩面，也是同時存在的思緒。這樣的思考方式，時常以「問題包裝評論」的方式開啟話題，比方說：「你會不會覺得餐桌放在這邊動線比較順？」勇敢一點，把問句去掉，他真正的想法是「桌子放在這裡動線比較順」。如果你回答了其他的答案，他改天會再來問你一次的。

　　如果我們希望走向未來的模式一切安全，懷疑是個必然的開始，答案也是必要的過程，從這裡開始我們才能夠驗證。因此，要先具備一個觀念：這些答案不必然是正確的，隨著問題一起出現的答案需要持續驗證，這也意味著，問題和懷疑也會不斷地浮現，畢竟他們自己也從來沒有真正全然相信過那些答案。

　　63-4的問題與答案，對於這個世界有著非常重大的貢獻，這裡開啟的是對於未來安全模式的建立，但要走到重複驗證成一個可行的模式（從17-62、16-48，再到18-58）是一條很長的路，邏輯是如此地缺乏動能與資源、容易被情緒掩蔽，這會讓邏輯思維的設計急於表達自己。

　　同時，邏輯總是會遇到阻力，因為「真理越辯越明」，**當你提出答案時，總是有著來自他人或自己反對的想法**。務必要謹記，所有的心智活動都是我們的外在權威，只是用來學習、思考、記憶以及分享，健康的思考模式需要獲得邀請，才能夠將自己的懷疑與答案，精準並妥善地表達。

17-62 接受的通道：
組織型特質的設計

怦然心動的人生整理術

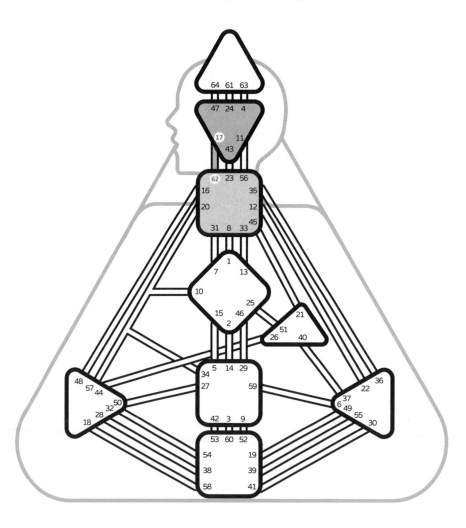

17號閘門，意見的閘門（The Gate of Opinions）

| 概念化中心｜隨卦（Following）
| 古老的法則是，那些希望統治的人必須懂得服務

　　與11號閘門互為鏡像，17號閘門同樣是視覺的閘門，在生理上代表了我們的右眼，在這裡所看見的是「未來的模式」。也就是說，我們透過17號閘門所看見的，不是對於「過去的信仰」（那是11號閘門負責的事），而是「整體人類的運作機制」，**他們所著眼的是未來，並不是當下。**

　　17號閘門與18號閘門在本質上有著相同的挑剔與好辯，他們的存在目的就是挑剔所有的模式，使模式臻至完美。而17號閘門是意見的閘門，可以想像他們對於不夠完美的模式、可以修正的事都有許多「意見」，但這些建議不見得能被人所接受，因此，17號閘門最深的恐懼就是他們的意見「被挑戰」。

　　為了避免意見被挑戰，需要大量的細節，所以17號閘門會恐懼於**沒有準備好足夠的細節**。只要細節不夠完備，17號閘門的意見就會受到質疑，同時也代表自己的意見沒有被理解與接受。然而，細節要充足完備需要時間，這是一個兩難的情況：給予正確的意見需要蒐集細節，但蒐集細節則需要大量的時間，那麼如果錯過了給予意見的當下，還是適合分享的正確時間嗎？也因此，17號閘門在另外一個層次上的恐懼，

是他們總是會慢了一步（been too late）。

比方說，17號閘門有開啟的人，很容易會有一堆未讀訊息，因為回訊息需要蒐集大量的資訊與細節，這會導致他們無法及時給予答覆，或者希望做好萬全的準備再發表自己的意見。

有17號閘門的人必須明白，領導他人或給予意見的本質是出於服務，而不是為了自己個人。因為邏輯迴路的運作重點在於，建立未來安全可靠的模式，這就是服務的意義。

邏輯迴路是一個著眼於未來的模式，意味著這個時間軸不在當下，當下是播種而非開花結果的瞬間。換言之，前人想傳遞的知識可能會在未來才開花結果。

62號閘門，細節的閘門（The Gate of Detail）

喉嚨中心｜小過卦（The Preponderance of the Small）
謹慎、耐心和細節能從限制中產生卓越

62號閘門具備了微小事物的優勢。62號閘門位於喉嚨中心，每一個喉嚨中心的閘門都有一個機械式（mechanical capacity）的聲音，在這裡我們不談過去，不說故事。這裡所說的「我認為」（I think）是一種思考，一種意見，是為了建構模式中的「細節」。

　　邏輯的過程有提問、答案、公式以及意見是不夠的，它們需要化成語言被表達出來，62號閘門是語言發展的基礎，因為所有的細節在分享時，都必須是能夠讓他人明白的意見、公式與模式，並且可以持續實踐或實驗下去。

　　這同時也是「命名」的閘門。名稱的確立是大千世界的基礎，語言順利轉化，我們才能彼此清楚溝通，知道我們在討論的是「橘子還是柳丁」、「有關係還是沒關係」。當我們沒有正確使用文字、建構模式中適用的語言，也就會失去細節的優勢。

　　一個意見是否被接受，取決於能否以邏輯的方式清楚描述，並不是指概念本身，這個世界上充斥著許多「符合邏輯但沒有實質內容」的語言，例如：「在非洲，每六十秒，就有一分鐘過去。」或是政府、候選人、業務員提出來大量的統計數字，這些統計數字都是符合邏輯的，但它所能推演出的未來架構是什麼呢？

　　在這裡我們可以學到的智慧是，細節最初是源自於日常生活中的瑣碎例行公事，如果這些細節無法組織成可以推演到未來的模式與架構，它們將無法被重複實驗、檢視與修正，也就沒辦法真正對集體社會產生影響。

　　這也是為什麼我們在傳遞人類圖系統的內容時，會特別去強調正確的用字遣詞，因為語言具有力量，當我們正確使用語言時，才能完整建構出對未來安全的模式，而這個模式可以重複驗證、討論與改進。

舉例來說，62號閘門有開啟的人，可能會對文字特別敏感，反覆推敲某個段落要如何修改才能讀起來更通順，或者當他們通常會發一段長訊息來解釋想表達的東西。

然而，這個閘門的運作需要耐心和時間，更需要紀律，必須在試錯的過程中反覆嘗試、在正確的時機將觀點發表出來。任何62號閘門有開啟的人需要**挖掘與探究事物的本質**，深入某個領域，在生活中進行各式各樣的研究，也要有足夠的時間蒐集細節並加以整理。

一旦缺乏了這些要素，邏輯的運作便無法真正為組織提供可檢驗的模式，最後62號閘門的細節僅淪為枝微末節的雞蛋裡挑骨頭，關心自己的薪水是不是少了幾塊錢、來回調整文件的字型大小，而對集體無法產生幫助。

擅長組織資訊，條理分明

當懷疑的壓力（63-4）來到了17-62通道，會將來自頭頂「懷疑與答案」的這股能量流，轉化為詳細的內容並組織為某種模式，以供整個邏輯迴路檢驗、改善並藉以領導集體。

雖然比起沒有直接連結喉嚨中心的63-4通道，17-62通道更善於表達，但也因為承受了更大的壓力，17-62通道需要**被詢問、被邀請表達意見時**，才可以精確地陳述腦中的邏輯與意見。不過，這不代表你需要

永遠保持沉默，但必須明白喉嚨中心的運作，將在被詢問時更能啟發他人的心智。

不同的迴路在心智層面（mind process）有著相異的運作模式，除了17號閘門代表了在當下看見「未來」的模式以外，62號閘門還必須將模式轉譯成「語言」。

「模式」是什麼？簡言之，當一個人的設計當中擁有17-62這條通道，這股邏輯能量流會自動將眼前所見到的一切細節，歸納在腦中相對應的資料夾中，同樣的資料夾裡有類別相似的疑問與相對應的答案，他們會將所有的資訊統整成某些公式或規則，最後形成可以表達出來的意見，而非考量實際經驗或是情緒感受。

舉例來說，當有人詢問有17-62通道的人和某個設計師合作的經驗，他們會說：「這個人要列入觀察名單，主要是交稿時間會延遲，雖然溝通上還算順暢，但時程的考量也很重要。」而不是像11-56通道開始談過去經驗的感受：「我跟你說上次合作的經驗，之前發了邀約信給他，他隔了三天才回，弄得我超緊張的！」

因為17-62通道的設計不是談感受，可以想像，如果要試圖與他們爭辯可能是無效的，因為他們思考的方式是「一個蘿蔔一個坑」，只要符合他們腦中的思考結構，這就是一個可運行的結構，就像在寫程式碼一樣，不同程式語言是無法相容的。

因此，在與有這條通道的人溝通時，不要反駁他的細節與意見，而是和他討論**將這些「細節與意見組織起來的方法」**。比方說，你看不懂他提出的後台數據，請別直接告訴對方「這些後台的銷售數字沒有意義」，而是試著詢問：「有沒有其他解讀數據的方式？我想知道消費者的實際年齡跟性別占比。」

沒有人問你，就不要輕易表達意見

另外，17-62是「接受的通道」。接受，是代表意見被認可，因此，這條通道的核心運作方式就是將詳細的意見，組織成模式，並用言語邏輯來表達，與他人分享自己的觀點。

但由於觀點被驗證需要時間，合乎邏輯的觀點，並不代表就是正確或是對未來安全有用的，在意見尚未被接受前，17-62通道會感到焦慮，更容易在尚未等待邀請前便主動給予意見，不過，我們要知道，沒有什麼比未經詢問就擅自給予的意見更冒犯人了。

「接受」指的也是被團體所接納。17-62通道的觀點，同時也是在「組織」所有的人，將一切人事物放在適當的位置當中，這是組織的力量。此外，17號閘門與動物行為有著很明確的連結。我們可以注意到許多擁有17號閘門的人，對於訓練動物行為有與生俱來的天賦，他們是天生的馴獸師。人類也是一種動物，17號閘門有開啟的人往往很擅長「訓練人」，像是如果你發現另一半打電動時都不理你，就會研究出各

種方法試圖引起對方的注意，或和對方做個小約定，每隔一小時要起身走動並且過來跟你說說話。

17-62對於整個集體人類某種程度上也是一種訓練。有組織結構的產生，只是為了讓所有人安身立命，比方說統一某些工作流程，彼此就可以用相同的語言、引導出可預期的反應，所有的事情都會保持在安全的模式當中，有法律、有規範，這個世界才得以讓人生存下去。

最後，再提醒一次，這樣的意見表達需要被驗證，合乎邏輯的語言不代表事實，以及在受到邀請時，你的觀點才能順利地表達。

16-48 波長的通道：才華的設計

職人精神

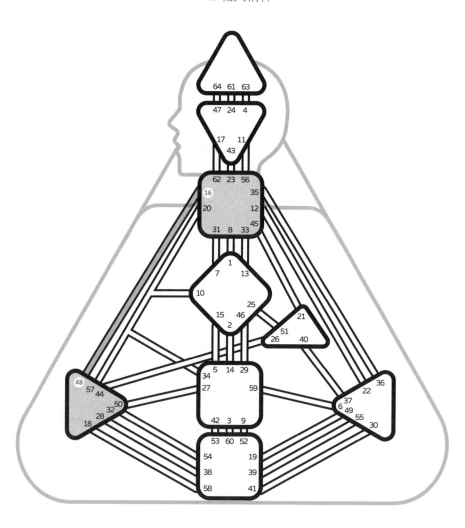

16號閘門，技能的閘門（The Gate of Skills）

喉嚨中心｜豫卦（Enthusiasm）
通過和諧引導能量的偉大藝術，豐富生命的本質

　　16號閘門作為技能的閘門，技能的語言說的是「我實驗」（I experiment），意味著「為了要發現更多可持續進行的試驗」。這與感知迴路的體驗（experience）截然不同，實驗代表：**模式、聚焦、重複、批判與修正至完美。**

　　聽見重複演練、修正至完美、技能等名詞，我們第一時間聯想到的會是各式各樣藝術類的學習，但不只是如此，16號閘門的技能包括了生活上的技能（talent for life），可以說人生中的大小事都有學習的可能。

　　至於該如何判斷要學習什麼樣的技能呢？16號閘門是個關於「身分認同」的閘門，與 G 中心「給出方向與觀點」不同，16號閘門的身分認同，指的是眼前的技能、這件事是否**得到你的強烈認同**，像是「我流著搖滾的血液」、「我天生就是要吃這行飯」。

　　在這個迴路裡，16號閘門的工作是認同，不是去堅持形象或個人風格，而是去辨識出自己擅長的技能、認同他們在生活中的一切。如果16號閘門有開啟的人，找到了一個他們真正喜歡、能夠認同的事，就會去學習它、反覆鑽研、追求突破，並且修正至接近完美或能熟練運用。

　　他們有一股職人精神，16號閘門所認可的技能，涵蓋了生活中的各

種領域，但這一切需要時間，成功來自百分之九十九的努力，沒有一個專業職人會只憑著一分的天賦，而是依靠**持之以恆的反覆練習**，因為望向48號閘門的16號閘門，永遠都覺得自己「深度」不足（見下一段48號閘門）。

48號閘門，深度的閘門（The Gate of Depth）

直覺／脾中心｜井卦（The Well）
建立共同利益的必要和質量優良的基礎

48號閘門有許多名字，第一個就是「井」，這是一口垂直向下、深不見底的深坑，這口井是集體的資源庫與資料庫，儲存了所有訊息，並將訊息儲存為可用的模式，這裡是提出解決方案的閘門（the gate of solutions）。

追求整體最大利益的「共好」精神就在此發生。理解迴路的本質從聚焦開始，邏輯聚焦、專注在什麼樣的模式應該要重複練習、修正，人人以正確的方式做正確的事，這是給予集體一個安全、可依循的未來模式，一切將儲存在48號閘門。

如同前幾篇提過的，察覺中心裡的每一個閘門背後都有個恐懼，也同時有潛能將其轉化為察覺。48號閘門恐懼的是「不足」（the fear of inadequacy），指的是「深度上的不足」，看向16號閘門的48號，總

認為自己的恐懼是來自學習的技能（16號）不夠多，但實際上這種對於深度不足的恐懼，就是害怕他們所儲存的模式無法被實踐，比方說，擔心自己現有的技能不足以應付眼前的工作。

大量重要或不重要的訊息全部儲存在48號閘門，這裡是「黑魔法」的設計，黑魔法是什麼？就是「知識」，知識的本質是掌握某種模式，一旦掌握了模式便可以轉化成你領先於他人的優勢，當48號閘門能夠等待正確的時間，藉由16號閘門的技能將模式顯化，點石就會成金，一切取決於所儲存下來的模式品質如何。48號閘門會在每一個當下判斷這個模式是否有足夠的深度，因此，修正的閘門（18號閘門）可以說是48號的好朋友，**藉由修正讓儲存下來的模式品質更完善**。

然而，48號閘門卻是所有閘門中最挫折的閘門，直覺／脾中心儲存了這麼多的模式、知識，但卻不是具有動能的動力中心，直覺／脾中心屬於察覺中心，它以警覺的方式運作於每一個當下。因為缺乏足夠的動力，他們追求的共同利益就無法被實踐，如果無法立即執行，內在就會形成一股緊繃感和挫折感。

持續學習，精進自身的能力

16-48是理解迴路中的創造力通道[1]，代表了這個迴路的特質，就如

---

1 創造力通道（Creative Channels）共七條，包含57-10、1-8、51-25、16-48、35-36、26-44、59-6。

同 36-35 瞬息萬變的通道，表達出情緒動能頻率的週期，而在 16-48 波長的通道，它運作的頻率來自於直覺／脾中心的當下，波長是指 16-48 呈現在我們日常生活中，任何模式的頻率都是：**持續精進，直到完美。**

然而，這個過程並不有趣，事實上，整個理解邏輯迴路的系統，從來不是為了有趣或者取得某種成就，甚至可以說這整個迴路都有著嚴肅且過度認真的形象。因為源自於這裡的能量所強調的是，藉由聚焦在解決某些問題，讓未來有一個完美的、安全可行的模式。

只有透過邏輯的方式，才有可能邁向完美，而何謂邏輯的方式？就是：看見問題、假設答案、形成公式、蒐集實際細節、聚焦、專注、規律、反覆驗證，直到確立出對集體社會安全可靠的模式。

16-48 通道其波長的頻率、追求與展現的是「精通」（the art of mastery），如果你的孩子有這條通道，這就是你投資他學習的時候了，沒有投入資源，這條通道的特質永遠不會展現。雖然 16-48 並不限於精緻藝術，但相信很多人在小的時候都學過音樂，例如鋼琴、直笛等等，並非每一個人都可以持之以恆，也不是人人都能成為音樂家，因為要成為大師、職人的必備條件有以下兩個：

· **確認模式是正確的。** 藉由每一個人的策略和權威，16 號閘門將辨識出並認定自己在藝術、職業或生活上的各領域技能，畢竟學習到技巧是一回事，辨別出適合自己的又是另一回事，只有在自身的策略、權威正確運作，才能對技能產生認同，而有了認同才能開始後續的投入。

‧ 需要花一生的時間去發展、精進模式當中的技能。在前個步驟結束以後，大師與職人之路才會真正展開。在持續不斷的練習之中，48號閘門不斷地提供更多深度，持續改良與修正直到掌握了模式，而即便如此，精進也永遠沒有終點，比方說你喜歡下廚，會持續研發新菜色；或你熱衷於編寫程式碼，會慢慢從寫一個小網站，變成軟體架構師。

台上十分鐘，台下十年功

別忘記，這條通道屬於集體迴路，而邏輯在這邊分享的是未來的模式，但16-48通道底層隱藏的課題是缺乏能量，這是集體在邏輯上的困境。具體來說，缺乏能量就等於資源不足，這一點我們在各大科學研究中心都可以窺見一二：研究需要資金的支持。不論你所要花上一輩子反覆練習的技能是什麼，它都不見得保證有成果，這並非可以立刻展現出成果的投資，這也是為什麼許多有這條通道設計的人，他們的才能無法顯現的原因：無法得到足夠物質上的支持，以持續培養技能。

因此，在這條「精通之路」上，需要大量的相互合作才能成功，在這裡我們又要再次強調，藉由不同類型的策略和權威正確運作，16-48通道才能找到適合的模式，這是一條波段頻率的通道，來自直覺／脾中心的頻率會確保每一個人的身心健康。向正確的老師學習、與正確的團體相處、得到正確的支持，會引領你找到相同頻率的人事物。

除此之外，理解迴路的設計還需要「累積社交技巧」，如果無法用

情緒的能量渲染眾人，那麼我們至少要學會微笑。如果一個科學家提出為期十年的研究，這十年的經費該從哪裡來呢？一個藝術家在被辨識出才能、獲得欣賞之前，又要靠什麼來維持他每日的生活呢？為了爭取資源，你可能需要發展出良好的溝通能力。

邏輯帶有批判性，但這個世界不能欠缺這樣的特質，有多少對社會分配不公的抗議、對人權不平等的反思，是藉由藝術來表達的？而又有多少對集體未來提出更好模式的倡議，在當下就能得到應有的資源呢？

「如果有這樣的資源，我就可以……」「若當時可以那樣，可能就有更好的結果……」這些充滿「應該」、「也許」和「可能」的心聲，源自於沒有被辨識出來的才能，這會為你帶來苦澀（bitterness）。若能夠回到自己的類型，運用專屬的策略做決定，以內在權威辨識每一個邀請與回應，我們將會發現所需要的都在那裡。

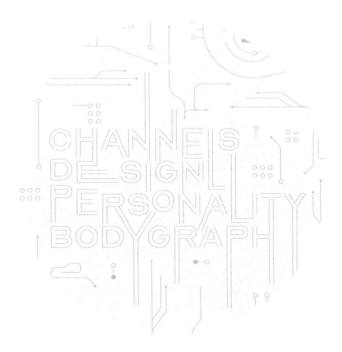

18-58 評論的通道：
不滿足的設計

完美主義者

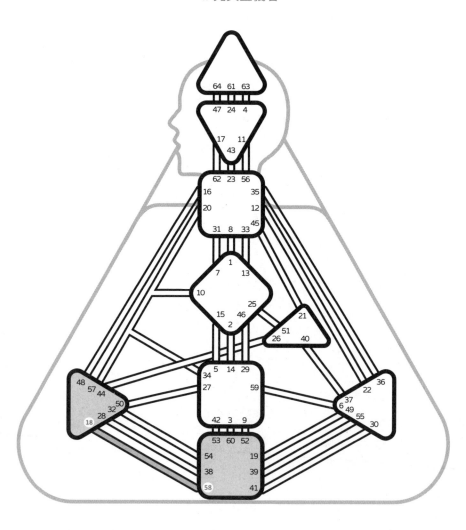

18號閘門，修正的閘門 (The Gate of Correction)

直覺／脾中心｜蠱卦（Work on what has been spoilt）
對於堅持和捍衛基本的人權，必須保持警覺和決心

18號閘門，最被污名化的閘門之一。修正，經常被認為相當尖銳，但畢竟這是品味（taste）的閘門，品味的邏輯是一種「對完美的追求」，藉由辨識出喜歡／不喜歡，有效／無效，安全／不安全，建立起一個投射向未來的比較基準。

在直覺／脾中心的閘門背後都有一個恐懼，18號閘門是恐懼權威的閘門（the fear of authority），恐懼權威在這裡的意思是：擔心權威建立了某種模式，而這樣的權威與模式是無理的、不正確的，無法確保未來安全的。

我們初始的比較基準往往來自於父母，原生家庭的家長是我們所面對的第一個基礎、第一個規範和第一個模式，因此這個閘門是接收父母制約最深的閘門。這裡是集體的迴路，18號挑戰的不是父母本人，而是他們所訂下的「模式」，這個模式可能並不完美，而內建在18號閘門的是挑戰所有模式直到確立是正確、可行、安全且有價值的。

因此，這些來自父母的制約會產生印記（imprinting），並且形塑出特定的標準，這些標準將擴及人生當中任何事物的比較基準，包含：伴侶、工作、自我認同等等，這種修正也將持續終生。比方說，菁菁小

時候曾經被父母偷看過日記，她認為這是個需要調整的管教方式，便會在人生各方面建立起一套新的基準，對伴侶或小孩都極力避免做出類似侵犯他人隱私的事。

擁有這個閘門不代表要推翻全部的權威，也不意味著一定會找到他人的問題。在察覺中心裡的閘門都有覺察的潛能，18號閘門在每一個當下可以藉由修正，獲得更好的模式。

人通常不喜歡被修正，理解迴路重視的從來不是個人，而是某些模式。比方說，如果18號閘門的人告訴你，他不喜歡你的不良嗜好，那麼他內心真正所想的是「全世界的人」都不該如此。

58號閘門，活力的閘門（The Gate of Aliveness）

根部中心｜兌卦（Joyous）
刺激是喜悅的關鍵

58號閘門是品味的燃料，是修正的能量，它是活力的閘門（the gate of vitality），象徵了熱情與生命。這個閘門的基礎是「對生命的愛」（love of life），它的能量會放在值得修正、挑戰，並且可以重複實驗（repetitive experimentation）的事物上。

換句話說，如果沒有58號閘門的能量，我們無法完全驗證某個模式或想法，是否真的對整體有價值。這是集體對世界的愛，為世界整體

提供一個安全的未來模式、專注實驗的生命力。

位於根部中心的58號閘門看向位於直覺／脾中心的18號閘門，它提供的燃料是人類生存下去的核心，也是我們身心健康的關鍵，從58號閘門出發的主題是關愛，因為愛，**它重視日常生活中所有值得修正的事情**，批評只是附帶出現的結果。比方說，對於關心的時事議題、日常生活中的大小家務事、工作中可以修正的流程等，提出改善的方法。

58號閘門對生命的熱情在於追求「更好的生活」。什麼是「更好」？這樣的標準同時建立在整體社會和道德的要求上，58號閘門會提供18號閘門能量，去挑戰這些權威並對其做出改進。像是：不斷思考會議流程有哪裡可以更好、面對長輩不合時宜的舊思維模式也會有許多意見。

然而，對於一個擁有58號閘門，卻沒有18號閘門的人來說，最大的沮喪就是意識到自己內在有這股充滿活力的生命力，想要讓生活更美好、模式更正確，卻不知道該把能量放在哪裡。

評論的關鍵是「對事不對人」

如果沒有18-58通道的人們，這個世界不會進步。

評論，讓人卻步與提起防備，他們的火眼金睛似乎不會放過任何細節的差錯，即使出於「為了你好」的善意，也經常令人難以負荷。

評論並非針對個人，是為了明天更好的模式，無關乎道德或個體行

為。例如，「你的房間怎麼那麼亂，為什麼不打掃一下？東西都丟在外面、走路都不知道要走哪裡。」與「你的房間可以在這邊放一個置物櫃，把這張桌子的動線改變一下，之後生活會更方便。」這兩者是有差別的。

評論，是一種識別力，這個識別力在每一個當下修正「模式」，如果將這股能量浪費在無止盡修正瑣碎的事物上，這個世界不會變得更好，人際關係當然也不會。

很明顯地，評論需要被邀請，因為任何事情都有修正的空間，這條通道永遠可以找到應該被挑戰、持續修正的地方。追求完美本身，就代表了背後看見不夠完美之處，藉由不斷調整來達到各方面完美無瑕的狀態，但這個定義並非絕對，畢竟你認為的完美，不見得等同於他人心中的完美。

被邀請之後再發表評論

被邀請是一個結果，被邀請的前提是我們需要這樣的協助。藉由這樣的能量，我們可以在每一個當下辨識出可以如何修正眼前的模式，這是48號閘門深度的品質基礎，帶領大家通往更好的可能。為了要確認模式和明天更好，他們提供的是「解決方案」，而不是道德評論，18-58通道可以挑戰這個世界，對抗父母、師長甚至上帝，但是否真的被接受、是否真的提供了幫助，取決於能否被邀請。

在前一節〈16-48波長的通道〉，我們就提過社交技巧對於邏輯迴路的重要性，而18-58通道的能量不性感且嚴肅，他們的喜悅是來自發現更好的流程，他們的滿足感源於掌握模式，像是找到關鍵的一塊拼圖、解開某個數學公式、找到可行的方案、將房間整理得有條有理。

時常找不到笑點的18-58，記得至少不要累積苦澀點：一切的修正都並非針對個人。提出建議時，試著避免使用「你應該」、「你一定要」、「你最好」等用詞，改成「我們一起試試看新的方法」，畢竟一切都是「實驗」，而日常生活就是最好的實驗室。

另一方面，邏輯迴路的關鍵是分享，如果想要避免自己或身旁的人過著太正經又無聊的生活，時常為了牙膏沒有從尾端開始擠而吵架，可以在生活中進行各式各樣的嘗試，例如：購買從最尾端擠牙膏的小工具、著手規劃居家動線等等，這些將有助於我們創造對彼此更健康的身心環境。

這條通道只是想要讓世界變得更好、讓每個人變得更好，也讓自己變得更好，如果跟擁有這條通道的人說「你很棒」，他們的第一個反應通常都是「不，應該還可以更棒」。希望「更棒、更好」的心態就內建在人生的舉手投足之中，依照自己的類型策略形式，在每一個當下依照內在權威判斷，才會是正確展現這條通道特質的方式。

7-31 領袖的通道：
無論好壞－領導的設計

為民喉舌

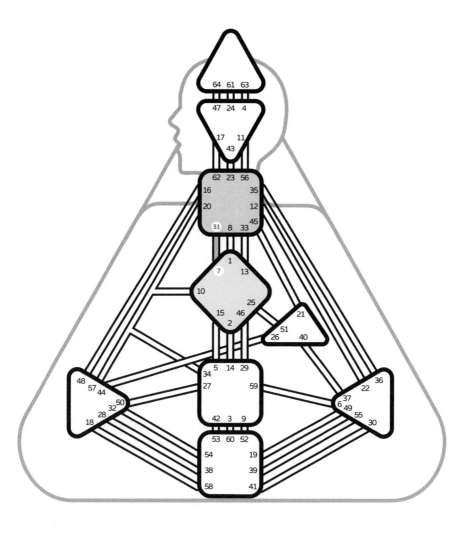

7號閘門，自我角色的閘門（The Gate of The Role of the Self）

> G 中心｜師卦（The Army）
> 收斂的匯聚點。在設計上有領導的需求，引領社會在秩序內

　　在 G 中心的八個閘門當中，有四個代表方向（2、7、1、13），另外四個代表了愛的展現（15、46、25、10），方向與愛形成兩組輪迴交叉：人面獅身、愛的容器。

　　指引方向的人面獅身，傳達出每個個體在這宇宙中的方向：2號閘門代表我們的磁單極（Magnetic Monopole），藉由自身的類型策略與權威，磁單極就像人生 GPS 一樣帶著我們人生前進。

　　而另外三個閘門代表我們的觀點與視角，前面提過的13號閘門（參見77頁）像是後照鏡，提供我們向後看的視角；1號閘門是儀表板，象徵每一個當下的自我；7號閘門則是「擋風玻璃」，讓我們持續向前看，確保前方道路筆直沒有障礙。

　　所有的領導形式中，只有邏輯的領導是透過不斷測試後才建立，帶有「確定性和肯定性」。7號閘門的領導需要被推舉、被人群認可，並且在正確的時候分享他們的視野與觀點，讓眾人可以追隨。

　　這個閘門的名字是「群眾」（The Army），就像有大批球迷的足球國家隊被稱為「格子軍團」，可見**領導不是領先他人，而是為他們發聲**。無論是哪一種特質，我們都可以知道：若是要讓集體的明天變得更

好，需要集體來共同實踐某個模式。有人領導，就會有人被領導，這是階級社會的架構，也是集體共同決定的，只有在模式重複被確認後，領袖才會得到支持、獲得眾人追隨。

31號閘門，領導的閘門（The Gate of Leading）

> 喉嚨中心｜咸卦（Influence）
> 摩擦法則，不論是主動還是被動的，都會產生轉移，從而產生影響力

「影響力不會存在於真空之中」，這是31號閘門的根基，提示著我們「所有的領導者，都只是展現了他的支持者樣貌」。

這個閘門的機械運作非常單純，但是該如何展現「影響力」？答案是：「移轉出去」（transference）。喉嚨中心的每個閘門都有一個機械式的聲音，31號閘門說的是「我領導」（I lead），但這樣的領導並非自己採取「行動」，而是一種「宣言」，簡單來說，影響力之所以會發生，是要將影響力移轉給那些真正有能力採取行動的人。

因此，31號閘門的運作，就是我們所謂的「民主過程」：無論是誰領導，需要有推舉的過程，以獲得多數人的支持，而這個被選出來的領導者，必須要能夠將他們的領導方針、內容和模式移轉給眾人（集體），讓眾人得以推動（複製），否則稱不上領導。

如果沒有辦法將領袖應有的良好品質做正確的移轉，例如組織願

景、溝通模式、號召行動等,其領導就失去了價值,要記得,邏輯迴路的領袖永遠代表背後的聲音,而非個人魅力(34-20通道)或部落利益(21-45通道)。

領袖是獲得群眾支持的人

7-31通道有別於部落的領袖,集體的領袖是「被選擇」出來的。在現代社會的運作中,政治家們給予各式各樣的承諾,但這些承諾都需要他人來協助完成,而不是領袖親自捲起袖子來執行。

因為領袖的工作是「指出方向」。當我們不再依賴可能帶來競爭和戰爭的部落領袖(為了自身資源的極大化,部落領袖會是真正的獨裁者),而集體追尋的是可以帶來未來安全、發展和模式的管理技能,也就是集體的最大利益,所以對7-31這條通道的能量運作來說,不論是領袖還是領頭羊,他都不能跳出來說:「我是最適合你們的領袖。」而是要等待支持的群眾向他表達:「你是那個可以領導我們的人。」

雖然天主教的發展已經持續了千年以上,但每一次教宗的選舉方式正是這條通道的展現:由眾人推選出一個領導者,這位領導者在各種層面上呈現了群眾的立場和對未來的期待。甚至,連動物裡的狼王(Alpha)都是由狼群選出來的,而非他們具備天生的權力。

每一個邏輯的領袖都會傳達自己投射向未來的模式,無論是什麼樣的新計畫、新社會、新理念,也不管你的領導方式為何,都必須獲得

「群眾的支持」才可能存在，領袖事實上只是一個對外的形象，它代表的是背後的集體力量。

在這個高度發展的現代社會，我們可以看見這條通道的運作：即使世界上有各種不同的領袖風格，但他們都需要群眾，領導深植於群眾價值觀的共享之上，這也是我們要慎選領袖的原因，當你選擇領袖時，事實上你所選擇的是站在他背後的群眾。比方說，你投給某個總統候選人，代表你也認同他的支持者。

領導需要經過邏輯辯證

另一方面，這條通道永遠都在二元性之中運作，當領袖所提出的模式被推選出來，就會有相對的模式與之抗衡。就像所有的邏輯通道都擁有的特質：「真理越辯越明」。

一個領袖是否成功，取決於「用語言影響他人」的能力。在政治場上就可以清楚看見7-31通道的運作：不同陣營提出了各自的立場，立場是不會轉變的，因為立場是一種「身分」與「自我認同」，當有人說他「沒有立場」，那麼，這就不是邏輯對於模式的運作方式。

立場建構了模式，這個模式需要說服支持者，也因此投票前必須要有公開辯論的機會，邏輯的本質就是「質疑和被質疑」，這是邏輯的運作中以事實和細節不斷修正模式的過程。

社會需要邏輯領袖的原因，是因為我們需要可以投射向明天的安全模式。給予社會一個更好的未來，是個嚴肅又專注的過程，領袖除了要有社交技巧，以傳遞理念與方針之外，過程中還必須重複試驗並且提供事實證據、細節與公式，更要在尋找資源時一邊抵抗「部落[1]領袖」。

邏輯領袖與部落領袖的差別在於，集體需要的模式不是一個口號，模式必須要以「可被理解的執行策略、實際的細節、可供質疑辯論、可預測，並被眾人理解的方式」傳遞出來。而不是部落領袖「看似邏輯理性，但事實上是藉由提供資源來推銷自己」，他們的口號看起來務實，實際上卻只是為了壯大自己。

最後提醒大家，這是一條投射者的通道，回想一下投射者的運作方式，這樣的領導所提供的是對群眾的協助，而非直接站出來，在舞台前成為魅力型領袖或部落領袖。如同接收到邀請後，投射者需要依照自己的內在權威判斷，這是否為正確的邀請，也需要再次詢問協助的內容、獲得許可，7-31通道也是這樣的運作。

而身為領袖的你，記得時時提醒自己，現在你所代表的身分認同、價值觀、生存模式、更好未來的模式，可以被檢視並且修正嗎？還是立場飄忽不定，只是用口號包裝利益？

---

1 請參見〈迴路概論〉25頁。

第二部

個體迴路群
INDIVIDUAL CIRCUITRY

整合通道
覺知迴路
回歸中央迴路

57

57

28

第三章

整合通道

INTEGRATION CHANNELS

34-20
34-57
57-10
10-20

簡介：
關於生存、個體、自我賦權

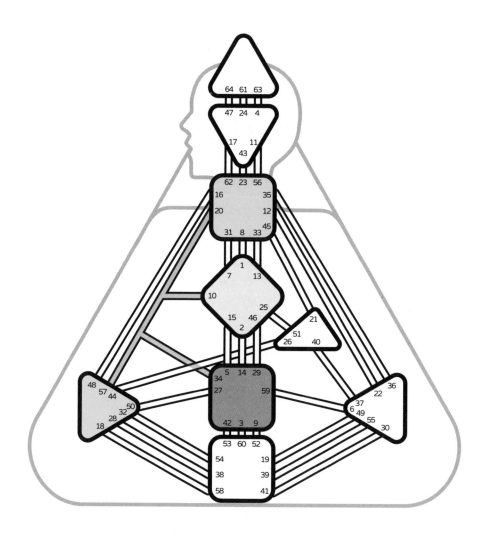

整合通道（Integration Channels）與所有的迴路群（Circuitry）最大的不同在於，所有的通道都是兩個閘門的互相連結，而相同主題的通道會構成更大的迴路群，迴路群裡的每一條通道彼此相串連，有著同樣的關鍵字與脈絡。

由四個能量中心、四個閘門彼此連結，形成了六條通道，包含：20-10覺醒的通道、34-20魅力的通道、20-57腦波的通道、10-34探索的通道、10-57完美形式的通道、34-57力量的通道。其中，20-57通道和10-34通道分別屬於覺知迴路與回歸中央迴路，剩下的四條整合通道則不屬於任何迴路，這四條通道堅定地為個體存在，彼此獨立。

這裡是人類圖中最複雜的設計，這些通道存在於智人這個物種出現之前，它們是哺乳類生物的基礎，與直覺／脾中心的運作息息相關，也代表了「生存」（survival）。這些通道唯一在意的就是自身的生存，與他人無關。

當我們進到整合通道的時候，留意的是生存而非社交，跟大腦思考的覺察、情緒感受都無關，而是與身體的免疫系統在每一個當下指引我們的安全性有關。整合通道有四個部分：直覺、力量、行為與當下，只有在這四者一起出現時，這些通道的特質才會真正展現。

這裡是孤狼（lone wolf）的設計，考量的是自我生存，因此，這些設計的人通常很難真正融入群體。它們的主題關鍵字是獨立、自私、自我利益。當我們看到這些關鍵字時，很容易對其做出負面評價，但事

實上這是物種的本能，而當他們強大的生存能力會讓他人感受到驚豔或獲得力量時，他們並不在意，因為這並非整合通道的能量主題。

在討論個體迴路群時，總是會提到突變（mutative），但整合通道本身並不帶來突變，唯有在遇到28-38通道或28、38閘門，或者自己擁有這些設計時，突變才可能發生，孤狼不再只為了自己而活，原本的自我賦權（self-empowerment）才可能轉變成給予他人力量的賦權（empowerment，詳細請參閱第四章）。

28

57

LIFE FORCE
STREAM
CIRCUIT

34-20 魅力的通道：
將想法轉化為行動的設計

馬不停蹄的人生

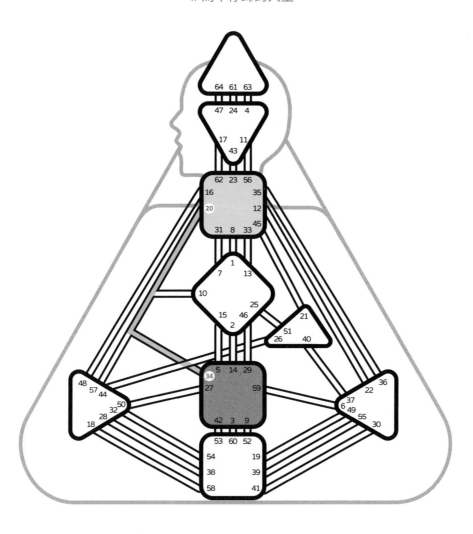

34號閘門，力量的閘門（The Gate of Power）

薦骨中心｜大壯卦（The Power of the Great）
力量只有在其展示或使用有益於共同的利益時才是強大的

　　位於薦骨中心的34閘門有個響亮的名字，強大的力量。此閘門在薦骨中心裡可以說是異類，從整張人體圖當中處處可以看到對稱性，但是34號閘門橫空出現在其中，不存在對稱的設計。

　　這個特殊閘門擁有極大的能量，因為它不僅僅只對應一個閘門，34號閘門的能量要同時供給三個能量中心：直覺／脾中心、G中心、喉嚨中心，以及三條通道：34-20通道、34-10通道、34-57通道。由此可見，34號閘門背負了重責大任：這股強大的能量是為了**強化「個體的生存」**。

　　在整合通道中，我們不斷強調「生存」，在語意上我們容易誤以為生存需要主動出擊，但事實上生存唯一的法門就是「回應」（respond）：生存的根本機制是防守而非進攻，即使是進攻，也是基於防守才做出的行動。

　　換句話說，「回應」是針對已經存在的事物作出反應，34號閘門在這邊提供的生存能量，便是在「**每一個當下做出回應**」的能力，而非創造出新東西。一旦34號閘門正確回應，它強大的能量將吸引所有的注意力，就像有聚光燈打在你身上。

從強大的生存能量，可以明白這是一個極為忙碌的閘門，但薦骨中心並非察覺中心，這樣強大的能量需要被指引。指引（guidance）並非控制，而是藉由在每一個當下正確的詢問，強化本能運作的直覺力量（57號），並導引出個體每個當下（20號）最純粹的行為（10號），才能避免能量的浪費。

20號閘門，當下的閘門（The Gate of Now）

喉嚨中心｜觀卦（Contemplation）
在當下將理解轉化為正確行動的辨識與覺察

如同前述，喉嚨中心並非覺察中心，它的每個閘門都有一個機械化的聲音，展現為語言或行動。在這裡20號閘門說的是「我在當下」（I am now）的行為、回應與直覺。

20號閘門看向了三個能量中心：G中心、薦骨中心、直覺／脾中心，並接通三條通道：34-20通道、20-10通道、20-57通道。此閘門提供的是絕對的當下。

何謂「當下」？20號閘門的易經卦象為觀卦，圖像看起來如同一座鳥居或一扇門，這些門會幫助你與現實對齊。換句話說，想像你穿越每一扇拱門，走過每一瞬間的當下，身後的一切就成為過去，通往未來的道路會持續在你前方展開。

這就是20號閘門代表的意義：處於過去和未來之間，並且總是在變動的「現在」。因此，沿著人生道路向前邁進的每一刻，就如同穿越了一扇扇隱形的門，不管發生了什麼，他們都不太會執著於過去，而是專注於腳下的步伐，繼續向前邁進。

這也是「靜觀」的閘門，在每一個當下你穿越了什麼樣的門呢？靜觀要能「向內觀看」，看的是「生存」與「正確性」（the way of being correct）。你若能在適當的時機表達，藉由自己的策略和權威，辨識出來自察覺中心當下生存的直覺，將這些覺察轉化為語言或行動，就能活出最真實的自己。

投入某件事之前，要先聽聽薦骨的回應

「忙碌」兩個字，可以說是刻在了34-20通道的基因裡。

這是一條「真‧顯示生產者」的通道：薦骨中心強大的動能，直接透過喉嚨中心顯化，20號閘門說的是「我在當下」，34號閘門則是活躍的（active）動能，當兩個閘門形成通道的連結，代表薦骨的能量將會固定並持續地輸出。

這也意味著擁有此條通道的人，內在能量的頻率為：「我現在是活躍的」，這個活躍頻率展現在行為上就是：「我現在是忙碌的」（I am busy now）。

有這樣設計的人，因為薦骨顯化的能量停不下來，他們可能沒辦法接受自己的能量被困在原地，比方說，他們身體往往動得比腦子還快，當身邊的人還沒反應過來，就已經把事情做好了；或者在做簡報時遇到了瓶頸，他們經常會先跳到下一個步驟，等等再回過頭修正前面的那一頁簡報。

在《人類圖，你與世界和解的開始》一書當中，有詳細介紹喉嚨中心與薦骨中心的運作，喉嚨中心是一股向外發起的能量，而薦骨中心則是向內吸引，導致有這條通道的人在運作上會產生一個矛盾。

除了能量中心，在類型的章節，我把顯示生產者一章獨立出來討論，但也特別強調**顯示生產者必須先理解薦骨和生產者的運作**，更指出顯示生產者時常表示自己聽不見薦骨的回應、身體動得比別人快等等。原因無他，正是運作原理上的矛盾與拉扯：持續向外的能量，遇上了向內吸引的能量。

但這終究是薦骨的運作，顯示生產者的能量場與生產者一樣具有開放且包覆（open and enveloping）的特性，「等待回應」永遠是得到滿足感的必要條件。

然而，這絕對不是要求34-20放慢腳步或不要那麼忙碌，因為在能量上是做不到的，他們也應該要動起來，畢竟這並非情緒動能的需要等待週期。可以說34-20的人生就是需要忙碌——正確的忙碌。

化想法為行動，專注在真正重要的事上

「這是一個必須將想法（thoughts）轉化為行動的設計」。不過，因為薦骨和喉嚨兩個能量中心都不是察覺中心，如果有這條通道的人沒有57號閘門，他們甚至不知道自己在忙些什麼。因此，一定要明白這句話所謂的「將想法轉化」並不是指腦中想到什麼就去做，而是受到正確的指引。

擁有34-20通道的人需要被指引，才能正確地投入能量。此處的指引並非控制，而是正確地詢問薦骨問題，沒有受到指引的34-20總是忙著為各種事來回奔波，拒絕等待回應。效率對他們來說是任何事的前提，事情只要趕快做完，他們的能量才能再投入於下一件事情，但每一件事真的都有必要做嗎？或者說，這些事都正確嗎？

舉例來說，做業務的小咪因為老是不在辦公室裡，所以常常被同事質疑：「你到底在忙什麼？」小咪一開始總是感到生氣，因為她認為不就是在做每一天的工作嗎？但後來她漸漸明白，問題不是出於自己在忙些什麼，而是每一件事情都沒有「展現出成效」。

事實上，問題出在小咪從來不與他人討論工作計畫與流程，她向來動作又快又俐落，正所謂即知即行，想到什麼就立刻去做，卻浪費掉了許多能量。直到小咪和前輩聊起在工作上遇到的瓶頸，才被提醒這些努力要放在正確的地方，避免不必要的分心。

忙碌必須受到正確的指引

34-20屬於整合通道，我們可以明白他們的忙碌是為了自身的生存。現代社會中已經不再需要狩獵捕食，那麼「生存」則會展現於各方面，在沒有明確覺察自己行動的狀況下，就很容易形成「瞎忙」的狀態。如果你覺得自己的人生不夠富足（包含物質和心靈層面），或者做了那麼多事仍感到有些空虛，可能就是花了太多時間與心力在沒有回應的事物上。

34-20最佳的指引夥伴是43-23架構的通道（請見222頁），因為同樣是追求效率的設計，擁有43-23通道或者43閘門有啟動的人，可以協助34-20走向正確的忙碌。前提是，20-34要在行動之前與他人討論。

以上述的例子來看，因為有43-23的前輩指引，小咪重新制定了工作流程，也有了更明確的目標與方向，知道自己每天該做哪些事情，也能保持一定的彈性，讓自己有更多時間花在想做的事情上。

當這條通道的人被詢問，它將吸引大量的目光與注意力，動作又快又俐落，舉手投足都散發著「你是電，你是光，你是唯一的神話」，而那就是你的魅力之處。

魅力（charisma）這個詞來自政治理論中對於領導風格的形容，在這裡，我們不能將它與情緒上的魅力聯想在一起，而是明白這樣的魅力來自於薦骨的回應，是一種極大的吸引力。

當34-20通道的行動被正確引導，可以把生活過得井然有序，帶動周遭人的活力以及動能，並對這整個世界產生難以想像的影響。

34-57 力量的通道：
原型的設計

前方有危險

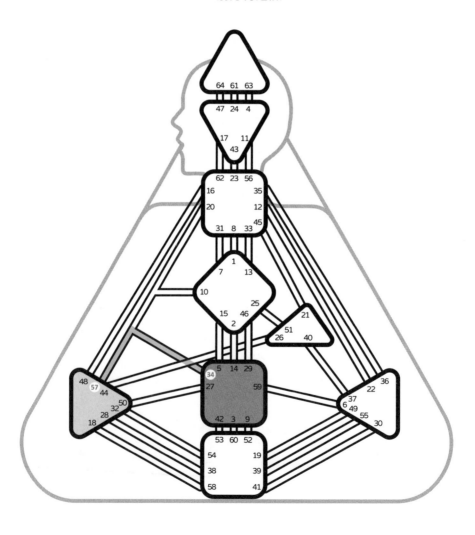

34號閘門，力量的閘門 (The Gate of Power)

請參見〈34-20魅力的通道〉145頁。

57號閘門，直覺洞察的閘門 (The Gate of Intuitive Insight)

直覺／脾中心｜巽卦 (Gentle)
非凡的清晰力量

57號閘門的核心重點是直覺洞察力（intuition）和思緒清晰（clarity）。透過這個閘門，人類所有的意識（awareness）才開始真正地發展，換句話說，它是整個人類意識過程的開端。而如此清晰的直覺只有一個目的，那就是「引導個體生存下去」。

這個閘門是整合通道最根本的意識（primary awareness）所在，它提供覺察給三個不同的能量中心：薦骨中心、G中心、喉嚨中心，以及三條通道：34-57通道、57-10通道、57-20通道。

在生理上，57號閘門對應了我們的右耳，它所聆聽的是每一個當下，這裡的聆聽是有選擇性的，對於我們的生存、身心健康來說，直覺／脾中心扮演了相當重要的角色，但它卻又如此微弱，總是輕易就被情緒和思緒給淹沒，57號閘門必須要在聽從你的直覺，才能找到適應當下最佳的生存方式。

每一個察覺中心的閘門都帶有恐懼，57號閘門也不例外，在這裡我們恐懼的是「明天」。這樣的恐懼是整合迴路的課題：恐懼永遠無法成為原型[1]、擔心無法找到生存的方式、害怕沒辦法真正活在當下。

同時，57號閘門也是28號閘門（請見189頁）的延伸，對於**人生意義的追尋**，驅動著他們思考自己想成為什麼樣的人、明天的自己又會有哪些新的可能。

這樣的恐懼有可能會無止盡地蔓延，這也是個體（individual）教導我們的重要課題：唯有在當下遇到真正的恐懼時，我們才需要處理它。一切都是為了當下的生存。比方說，害怕工作做不完的恐懼是真實的，但擔心明天會不會又被主管責罵則否。

倚靠直覺的強大生存能力

我們不斷提到整合通道與「生存」相關，而34-57通道正揭示了我們生命的核心：這裡沒有邏輯的模式可以依循，也不是情緒感知的體驗，無論你對未來的想像為何、是否跳入未知的體驗，我們都將學習到一件事：生命是脆弱的。

生存，在每一個當下、每個呼吸之間浮現，想要擺脫對「明天」的恐懼，唯一的方法就是活在當下，並且在每一個當下信任自己的身體，也就是薦骨，來持續「回應」這個世界。

這條通道連結的是57號閘門當下敏銳、清晰的直覺，以及34號閘門薦骨強大的動能。這兩股能量的彼此流通，形成的是「被薦骨賦予強大力量的直覺力」。我們可以想像原本沒有動能的直覺／脾中心突然動起來了，就像原本溫和的小鹿斑比，突然變成擁有強大戰鬥能力的鹿角戰士。

　　57號閘門唯一的工作，就是引導物種的求存之路。充滿能量的直覺，透過每一次的薦骨回應去強化生存的能力。

　　「當下」聽起來好像不過是一瞬間的事，但實際上，如果你真的存在於當下，完整地去體驗當下，當下就是一切，一沙一世界，剎那即永恆。這也是34-57通道的人隨時隨地要面對的：來到我能量場中的這一切，自己是不是有所回應？

對於前方的危險時時保持警覺

　　每一刻都在「預備起跑的姿勢」，隨時隨地皆要準備好面對自己的戰鬥。這些戰鬥並非單純來自對於明天的恐懼，不是出於對未來的期待，而是因為能量場會說話，每一個當下薦骨的回應，可以讓我們判斷眼前是否浮現出危險。

---

1 原型（Archetype）：指的是人類這個物種最原始的樣貌。

這就是力量——避免被吃掉，以及準備獵捕可能出現的獵物——是一股生存的力量。

當然，人類早已進化為一個精緻又複雜的設計，但這是物種最基本、最根源的能力，沒有整合通道的存在，物種多麼高度發達都無法生存下去。在現代社會裡，也許我們不再隨時擔心被獵捕，但這條通道依然教給我們最重要的一件事：**藉由回應帶來生存與健康**。

換言之，戰或逃反應（fight or flight response）正是這條通道的展現，34-57通道的運作不是在家裡安裝各式各樣的警報系統，而是在每一個當下的回應之中避開危險，例如：閃躲突然出現的車輛、對威脅到自己生存的人事物有所警覺等等，這一切不是頭腦的想像，而是真切在每一個當下做出回應。

對於他們來說，生存是一種本能，而且這樣的生存是為了自己，他們才是真正懂得如何讓自己生存下來、健康生活的人，其他人無法複製他們的方式。只有在他們遇到28-38通道的人時，才會出手協助：「噢天哪，你看起來很需要幫忙，我必須要讓你知道這樣才能生存下去，你居然不知道嗎？」

回到薦骨的運作

這條通道帶給所有的生命一堂課，無論出生、死亡，在生命的每一個當下都是回應，這也是我們提到生產者與薦骨時必須特別強調的，生

產者的薦骨運作是一種延續的能量，當回應出現，世界就有了健康的振動頻率。

顯化的能量需要生產者的回應來延續；生產者的能量遇到瓶頸需要投射者的指引；整體的運作需要反映者完整體驗後的公正中立。但生產者是生命的根基，回應是生理機制，當你放下同質化世界的制約[2]，就相當於回到了人類的原型，成為真正的倖存者。

---

2 同質化世界的制約，是指這個世界會以同一種「固定標準」來看待每一個人，使我們時常被「他人的標準與價值觀」影響而不自知。

57-10 完美形式的通道：
生存的設計

自然融入環境的變色龍

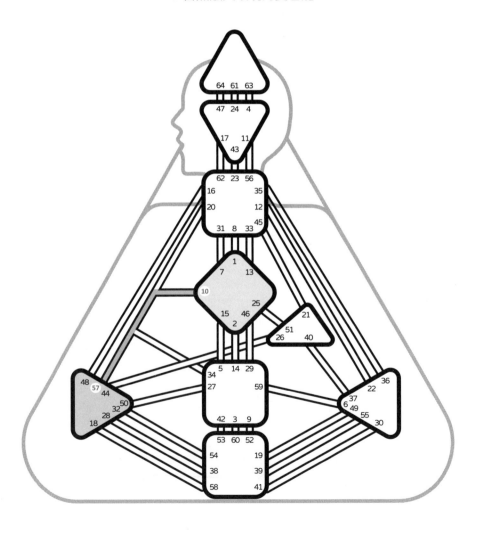

57 號閘門，直覺洞察的閘門 (The Gate of Intuitive Insight)

請參見〈34-57力量的通道〉153頁。

10 號閘門，自我行為的閘門 (The Gate of Behavior of the Self)

G 中心｜履卦 (Treading)
這個基本的行為規範確保在各種情況下都能成功互動

　　10號閘門可以連結到三個能量中心：直覺／脾中心、薦骨中心與喉嚨中心，並形成三條通道：10-57 通道、10-34 通道、10-20 通道。

　　10號閘門是「輪迴交叉愛的容器」的其中一個閘門，代表了愛自己。而「愛自己」具體來說，是指尊重自己的能量場（15號閘門）、敬重自己的身體為聖殿（46號閘門）、保持靈魂的純真（25號閘門），最後在人生中向前踏出的每一步，都源於自己的策略與權威。

　　在這個過程當中，它需要受到來自直覺／脾中心的生存指引（57號閘門），以及薦骨的動力（34號閘門）並在當下透過喉嚨中心顯化（20號閘門）。它最終傳達出來的是對生命的熱愛（love of living），更是整個整合通道中的**自我身分認同**（identity）之處。

　　當你可以真正地成為自己，也就是按照類型策略與權威生活，藉由自己的信念（10-34），發展出更強的生存能力（10-57），同時帶來真

正的覺醒（10-20）。

適應環境的生存能力

57-10通道是「自我行為」結合「生存」的設計，從這裡可以看見整合通道的核心——生存。

這也是創造力通道的重點，每一個迴路群都會有一條創造力通道，藉由這些通道將迴路的核心主題表達出來。57-10通道的創造力與藝術所在，是展現於生存之上最初始的藝術（the art of survival）。整合通道唯一有興趣的事情就是「生存」，57-10讓人有了一個「**靠直覺引導的正確行為**」，也就是找到完美的形式。

行為或舉止，與生存之間有什麼關係？答案在於「環境」。在不同的環境、相異的條件之下，如何帶著覺知行動、做出某些行為與舉止，就是57-10的生存之道。如同變色龍一樣，融入在背景之中。這也是10號閘門的基礎。

57-10通道的設計，擁有在**每個當下做出應變的能力**，如果無法隨著不同環境展現出生存的力量，就像是獵物出現在獵食者面前一樣。躲在叢林中的軍人穿著迷彩服，正是為了融入在環境當中。比方說，當辦公室內的同事中午都會一起出去吃，你通常不會帶便當一個人吃飯；如果每個人都穿黑色衣服參加聚會，你也沒有必要刻意穿白色，簡言之，你不太會做出顯眼的事情，以避免成為「獵物」。

擁有57-10通道的人也善於「創造環境」，目的是為了在任何情況下都可以有正確的行為舉止，為明天的恐懼提供一個保護空間。這是相當有必要的，因為這樣的完美形式（也就是帶著覺知的正確行為），將帶來愛與自我欣賞。

辨識所處的環境是否正確

　　這是一條投射者的通道，代表了兩個面向：「辨識」和「被辨識」。

　　「辨識」，指的是辨識出正確的環境，包括物理上的環境、穿著打扮、聽覺上的環境以及心理上的環境。物理上的環境，取決於能量場當中受到直覺的指引，是否在一個共振的頻率上、是否安全、是否讓你的身心保持健康。

　　穿著打扮就如同變色龍為了適應環境，事實上，當人類開始穿上衣物不再赤身裸體，也是源於57-10這條通道最初始的能力，穿著衣物是為了生存所需，不是集體迴路的美或好看與否，而是如何創造安全與舒服的生存環境。

　　聽覺與心理上的環境則可以綜合來看。首先，57號閘門與聽覺息息相關，擁有57-10的人對於聲音非常敏感，而直覺／脾中心的核心也是整體身心健康的頻率，因此，處在不對的音頻之下就是不正確的環境，比方說，你會想離開傳來令你煩躁的滴答聲房間。另外，57-10也對「語氣、語調」和其中的批評非常敏銳，當你有一個接通57-10的孩子，你

對他說話的口氣和評論將決定了他此後「愛自己」的方式。

如前述，個體的設計（包括整合通道）底層都帶著一股多愁善感（melancholy），這是所有創意的來源，那是一種淡淡的憂愁，就像夏日陣雨後的氣息，也像秋天飄下的落葉。然而，對57-10來說，這些憂愁原本是中性的，當他們想為自己的憂愁找到原因，比方說是因為生理不舒服、主管太討厭、工作太煩悶，在心理上就會形成一個負面的環境，平時的多愁善感就會轉為真正的憂鬱（depression）。

所幸，音樂是良藥，可以有效舒緩憂鬱，如果你有57-10通道，**音樂對你來說是一個不可或缺的要素**，音樂種類並不是重點，也不會固定偏好某種曲風，一切只要跟隨直覺中正確的指引就好，甚至可以創作出屬於自己的音樂、自己的頻率，不需要理由、不需要比較，這是你保護自己的方式。

被辨識意味著等待邀請

至於「被辨識」，指的是需要得到邀請。先說明一個前提，這條通道本身並不帶有動能，**只有在得到邀請的時候才會獲得動能，受到直覺指引的行為舉止才會展現**。就像你如果身為一個室內設計師，但在沒有獲得接案邀請之前，你不會動手設計房子。因此，在創造適合的環境時，也是因為被辨識出自己每一刻的變通能力。

要如何「被辨識」出擁有創造合適環境的能力，唯一的方法就是依

照自己的類型和策略行動。

　　如果你是一個顯示者但擁有這條通道，你所要做的就是活在自己的權威當中，在權威正確的前提下行動時，藉由告知（inform），也就是溝通來排除阻礙，當你能夠順利的排除前方阻礙，你便為自己創造了正確的環境。

　　同理，對於生產者與投射者來說也是一樣的，當你依照自己的策略行動時，會發現身旁越來越多人能夠辨識出你生存的能力，可以藉此一步步創造出適合自己的環境。比方說，你會把居家空間營造成適合你的佈置方式。

　　只是我們不要忘了，這裡屬於整合通道，他們的環境和生存模範，都是給他們自己的，整合通道無法將自己的生存之道傳承給他人。

10-20 覺醒的通道：
對更高原則承諾的設計

滿口大道理

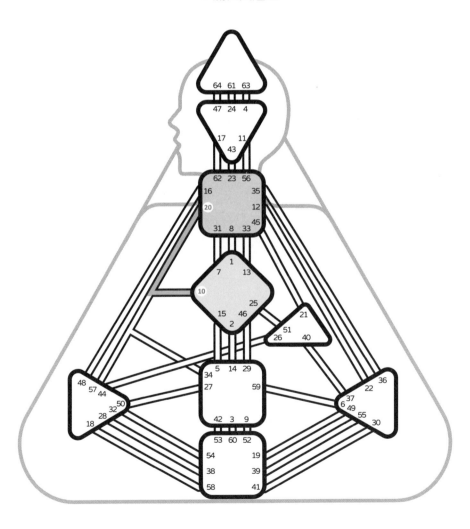

10號閘門，自我行為的閘門 (The Gate of Behavior of the Self)

┃ 請參見〈57-10完美形式的通道〉159頁。

20號閘門，當下的閘門 (The Gate of Now)

┃ 請參見〈34-20魅力的通道〉146頁。

能言善道的特質

「如果你不是為了自己，那麼誰會？而如果你只為自己，你又是誰？如果不是現在，更待何時？」

身為整合通道的其中一員，10-20覺醒的通道藉由口頭表達出來的覺醒，是在當下對於生存的完美形式，它只會也只能代表自己的覺醒：我是覺醒的、我知道我是誰、我清楚我是如何生存的。

然而，這一切並不是因為反覆思量、理性分析或是透過經驗歸納所「想出來」的，這是一個當下的「自發性口頭表達」。透過10號閘門（自我行為的閘門），與20號閘門（當下的閘門），真正地活在當下，用口頭表達出真實的自己，而這樣的口頭表達方式將可以傳達給他人。

這條通道有兩個同時存在的前提：

· 它本質是「當下的存在」。當透過語言表達時，他人可以立刻辨

識出此人是否真的覺醒。

　　‧**這是一條投射者的通道。**無論你本人實際的類型為何，這條通道都需要被辨識出來，也就是「是否真的覺醒」，需要在說出來的當下由他人認可。

　　因此，我們也看見了這條通道的兩難：這是一個「能言善道」的設計，嘴巴可以像是機關槍一樣停不下來，尤其是在有連結到動力中心時更是如此，隨時都能夠在當下說出「我頓悟了」、「我知道了」、「我覺醒了」，但事實上如果沒有人認可，他們並不是真正的覺醒。

　　擁有10-20通道的人在未受到邀請的前提下，持續說著自己的覺醒，就像在路邊發放「末日預言」的傳單一樣，不被認可也不受重視，得到的只有苦澀和不被理解。無論是真的覺醒還是單純瘋狂，他們不斷地說話、不停地表達自己，他們每一個當下傳遞出的「我是誰」，都是希望被看見、被認可。

回到內在權威，就是你覺醒的開始

　　覺醒（awakening）與澈悟（enlightened）並不相同，覺醒是「開始理解」，澈悟則是「看透人生在世的各種真諦」，我們容易以為所謂覺醒必須要看透人生、追尋更高的自我，畢竟這是「神祕的通道[3]」之一，追求靈性似乎並非奇怪的事。但是，當神祕通道來到了10-20，它所傳達出來的是什麼呢？何謂真正的神性？——是自己。

最高的神性就是獨一無二的自己，是在每一個當下，能夠以口語清楚地表達。當其他人來到面前問你的想法和意見，探詢你內在真實的聲音，你能夠清楚地「為自己說話」，這就是覺醒。

如同前述，整合通道核心主題是生存，而10-20能夠**在當下清楚地表達自我**，就是一種生存之道，當他人前來詢問，同時你的表達又是清晰的，你就能夠對他們產生影響，這也是許多心靈導師坐著等他人詢問的原因。

所有的通道都具有二元性，就像硬幣的正反兩面，覺醒的另一面就是沉睡，同質化制約的世界讓10-20不斷說著他人的話語，而非「自己內在的聲音」，導致他們無法在每一個當下清楚地表達自己，或害怕自己說出來的話不夠「有道理」。

事實上，如果有這條通道的人真正回到自己的策略和權威，他們總能在每一次的清楚表達之中，看見真實的自己，他們的內在權威就是覺醒的來源，這不是為了其他人，而是為了他自己。依循策略與權威，無論所體驗到的人生有多平凡，你都是自己的佛陀。

---

3 神祕的通道（Mystical Channels）共四條，包含19-49、37-40、51-25、10-20。

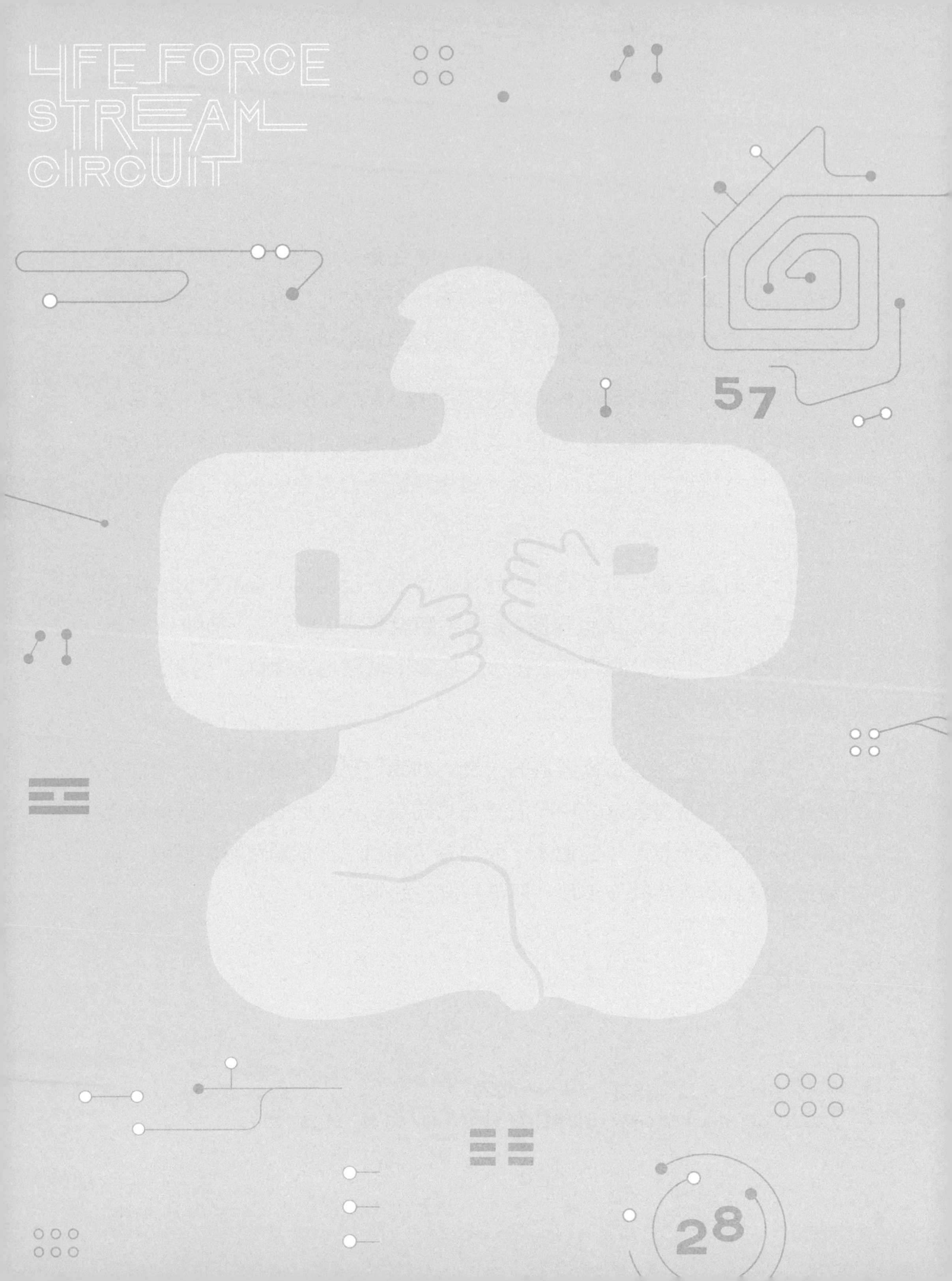

LIFE FORCE STREAM CIRCUIT

57

28

第四章

覺 知 迴 路

Knowing Circuit

簡介：
關於突變、個體、賦權

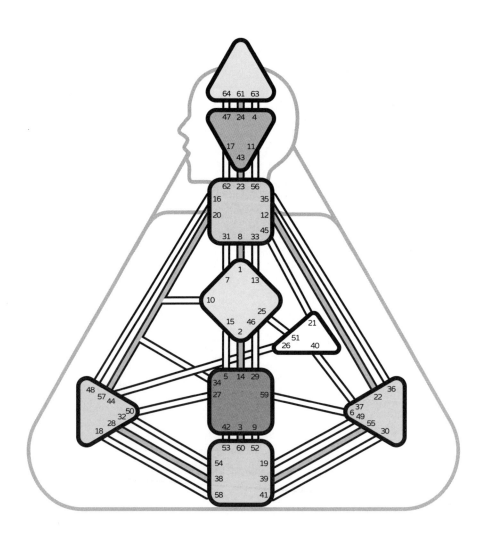

一樣是「個體」（individual）的設計，從整合通道來到覺知迴路（Knowing Circuit），我們從為自己的生存與自我賦權（self-empowerment），來到了「賦權」（empowerment），也就是「使他人獲得掌握自主權的力量」。

覺知迴路的個體通道在正確運作時，身旁的人除了在他們身上感受無比的力量外，更能在自己的身上也看見這股「自主」、「做自己」的能力與權力，像是：原來沒有人可以控制我、我不願再受到制約、我能夠有更高層次的追尋，最重要的是，原來我也可以如此有力量——這就是賦權的意義，他人會因此感受到你的力量，也會受到你的激勵。

這樣的切換，並不代表「個體設計」的人比起整合通道更為友善或社交性較高，事實上，個體永遠都像是這個世界的局外人。覺知迴路底層的焦慮，就是害怕無法表達內心的想法、沒有人想聽自己的意見、自身獨特的覺知不被接受。這些獨特覺知並非刻意為之，而是自己存在的一部分，雖然沒有經驗法則或理性思考作為根基，但它就是自身的真實。如果這樣的想法不被接受，那麼，是不是代表我這個人本身不被接受？這是深植在「個體設計」當中的憂鬱與恐懼。

如同〈57-10完美形式的通道〉提過的，所有的個體設計中都帶有一股多愁善感（melancholy）的氣質，這樣的多愁善感是一種內在突變的化學反應（mutative chemistry），不是心理上的憂鬱（depression），但如果在個體追求自我的過程裡，將這樣的化學反應

加上了各式各樣的理由，將會長期承受著負面的影響。

覺知迴路並非感知迴路的「體驗一次試試看」，也不遵循理解迴路的「建立規則去預測未來」，也非部落迴路的「支持、情感與資源分配」，它們只是**在自己的路上，創造出全新的經驗**。

這對集體來說是不穩定的，因為突變發生於當下，在一個無法預測也不能期望的時間點。當體內的憂鬱浪潮襲來，代表我們的身體正在改變，突變即將發生、創造力終將出現，改變集體的方向。

用一句話來概括，**突變就是帶來新的方向、新的事物、新的想法**。

即使我們說突變發生於當下，但並不是指「發生在每一刻」。要理解這樣的脈絡，必須把覺知迴路的所有通道放在一起檢視，我們可以理解到，一切過程都必須經過情緒的洗禮，不僅需要時間，而且都具有「不確定性」（uncertainty principle）。

這與集體中邏輯的「固定性」（fixedness）與感知的「不穩定性」（instability）不同，個體突變「出現的時間點」、「出現的方式」，以及「可能的結果」都是不確定的，沒有辦法保證這樣的突變是好是壞。

個體的設計與「聲音」（acoustics）有關，也與文字使用能力有關。個體對聲音的頻率敏感，也時常會出現選擇性聆聽，這是為了保護個體突變的可能。而個體的設計**如果沒有學習表達自己**，沒有讓別人理解自己在想些什麼，他們很難將自己的獨特性傳達給集體，這樣一來，

不僅不容易適應社會，無法離開局外人的狀態，也很難將覺知轉化成賦權的力量。

「我本來不知道，在我知道的時候我已經知道了。」這句網路上的迷因語錄看似什麼都沒有說，但事實上這就是所謂的覺知，那是一種發現新大陸的感覺。在追尋自己的過程當中，我們大部分情況都是「不知道」，也只有在經歷過一切情緒和憂鬱，直到某個當下，突變才會發生，也只有那個當下，他們才真正「知曉」。

至於，這個覺知的當下要如何出現？唯一的方法就是回到自己的策略和權威。

3-60 突變的通道：
能量的持續波動與開啟

播種的人

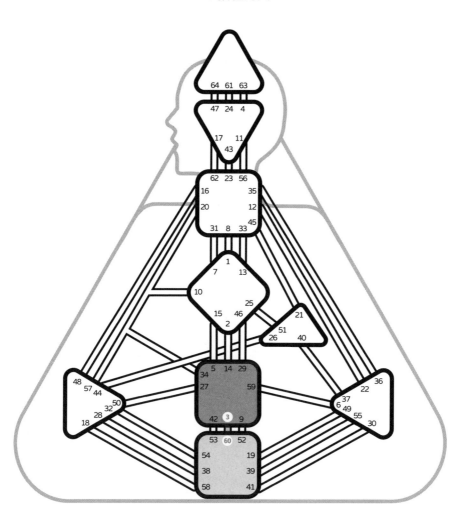

3號閘門，秩序的閘門（The Gate of Ordering）

| 薦骨中心｜屯卦（Difficult At The Beginning）
| 開始的根本挑戰是超越混亂並建立秩序

　　凡事起頭難，也許可以理解為「煩事」起頭難。這是一個關於順序與秩序的閘門，何時特別需要順序和秩序？在混亂與困惑的時候。

　　這是一個混亂的世界，而生命的本質就是超越混亂、建立秩序。換句話說，生命之中充滿混亂與困惑並不是一種錯誤，而是生命的本質，突變來自混亂與困惑，新秩序也從混亂與困惑之中產生。

　　突變是不具事實佐證的（unsubstantiated）新形式。新形式的突變，包括基因上與文化上的突變。

- 基因上的突變：在這個科技快速發展的全球化時代，人類基因庫的擴張特別明顯與快速，這些是帶有突變可能的設計，保持著人類這個物種的多樣性，是一種世代間的突變。

- 文化上的突變：屬於整體覺知迴路的運作，在正確的策略與權威運作之下，個體設計的人將可以改變進入他們能量場的人，3號閘門的運作是高動態、持續突變的動能，朝向43號閘門的高效率前進，讓舊有的過程越來越有效率，最終使得文化典範轉移。

　　這一切都是來自於回應。我們可以從前述理解到一件事情，當位於

薦骨中心的3號閘門「有回應」，它會對「突變」有所回應，而這個突變在開始的時候一定是困難的，3號閘門不會對簡單、不創新的事情有所回應。突變只是一個起始，並非指突變真正發生的那一刻，如同吃到果實的那一天，從來不是播下種子的那一天，「**等待、播種，放下**」，是3號閘門回應的過程。

位於薦骨中心的3號閘門也帶有深層的憂鬱。因為個體設計的心智無法理解薦骨的身體運作和自己的與眾不同，集體的運作往往是穩定、可預測的，但這一切看在3號閘門的眼裡是如此混亂又無序，畢竟他們的覺知在有和沒有之間，突變可能發生也可能不會。

簡言之，如果3號閘門拒絕等待自己的回應，也拒絕回應後的等待，轉而迎合集體的方向，放棄自己的獨特性，他們將對了無生機的人生感到憂鬱，並且在底層醞釀出一股無助及無力感。

60號閘門，接受的閘門（The Gate of Acceptance）

根部中心｜節卦（Limitation）
接受限制是超越的第一步

3號閘門代表了新事物，60號閘門則意味著「舊東西」。在三條格式化通道中，根部中心的閘門（53、60、52）都帶著憂鬱的因子，在60號閘門的憂鬱是它不斷尋找著突變的可能：從「事情永遠只能如此

了」、「我厭倦了限制、厭倦了這些舊事物」，到「我要找到新的可能、超越限制」。

這是一股壓力和燃料，卻是受限制的燃料，它在一開一闔的脈衝之間運作，向前衝刺著以尋找全新的突變，但這並不是持續不間斷的能量，而是在空氣凝結的某一刻突然爆發出來。覺知迴路的突變與覺知，在出現之前就是「還沒有出現」，也因為如此，這會讓60號閘門陷入深深的憂鬱之中。

然而，超越限制的第一步，就是接受限制，放下你大腦不斷想要做出的突破。如果3號閘門要學會「等待」，那麼60號閘門要做的則是學會「接受」。接受與臣服的概念，是理解限制本身無法被「打破」，所有的事情都有其限制，不管是規則、規章、法條、制度還是我們的肉身，一切都是有限制的，任何突變所帶來的新規則，也會存在新規則的限制。

超越限制，而不是打破限制。限制本身是一種能量，而不是各種人造的限制，我們的心智會扭曲這一點，最終導致嚴重的慢性憂鬱。因此，所謂接受，要能夠依照自己的策略和權威行動，突變才會發生。

這是身為個體設計的每一個人首先要學習的課題，個體的設計需要學習清楚地表達自我，而在任何突變發生的過程裡，你的能量一定會有被卡住、感覺身體動彈不得的時候，但如同前述，唯有接受限制才能真正地超越限制。

突變之前的瓶頸期

3-60作為格式化通道定調了整個迴路的頻率，如果你的設計中有格式化通道，那麼整張圖的每一個特質也都將被這股能量所影響。

而在覺知迴路，在帶來全新突變的設計裡，3-60的頻率是一種「**脈衝式的能量**」，可以將它想像成是「間歇泉」，不管是滾燙的泉水還是熔岩，都會在不定期的時間點噴發而出。

突變沒有時間表，也沒有保證，它不一定會發生或者都會被接受，就像「薛丁格的貓」，突變與覺知是隨機發生的。然而，一旦突變發生，也就是新事物產生之後，它首先會被集體排斥，因為如果將突變擴展至整個集體社會，規則就會改變，新事物將會取代舊事物，每個人都要踏上適應的過程。

3-60提供的正是這樣的一個極為強大的生產動能：在混亂中等待，等待著可能發生的突變。當這些舊有的、混亂的、困惑的事物有突變的可能，3-60的能量將會啟動，也就是薦骨會有所回應，而從回應開始，唯一能做的就是接受一切限制，等待在脈衝之間的突變發生，以建立新的秩序。

這條通道**承受了非常巨大的壓力**，因為脈衝開啟之前，壓力與動能會持續波動，在找到有效率的、可突破的新秩序之前，這股能量是不斷蓄積的，蓄積多久無法用理性邏輯思考判斷，而即便有新的突變出現，

也無法保證能被集體接受，唯一能做的，就是接納這種狀態。

突變之後將為世界帶來新的可能

3-60通道的設計象徵著生命的真諦，但並不是同質化世界習慣的運行方式。新秩序意味著不再遵守舊秩序，因為如果一直遵守集體的法則，那麼這世界將不再有「新的東西」出現，3-60通道之所以不容易他人受到影響，正是為了保護可能產生的突變。

然而，當我們看不慣舊事物，而新事物也沒辦法立刻發生時，內心會產生一股「停滯不前」的狀態。這使得許多擁有這條通道的人，在日常生活中會感受到強烈的憂鬱與自我否定。

這裡是個體設計中多愁善感（melancholy）的源頭，它回應的是困難、回應的是新形式，但若不了解這樣的機械運作原理，多愁善感會變成抑鬱成疾。最好的方法，就是不要為自己的憂傷與喜悅找理由，同時真正地理解身為生產者的策略與權威：等待回應、回到薦骨權威／情緒權威。

每一條通道都是「生命之流」（life force），3-60所建立的頻率，就是生命的本質，它回應的是生命的起承轉合。因此活在當下、感受每一刻，是非常重要的，聽見這股突變能量在每一個新的可能所發出的震動聲，將為這個世界帶來嶄新的可能。

2-14 節拍的通道：
鑰匙保管者的設計

\# 辦公室小財神

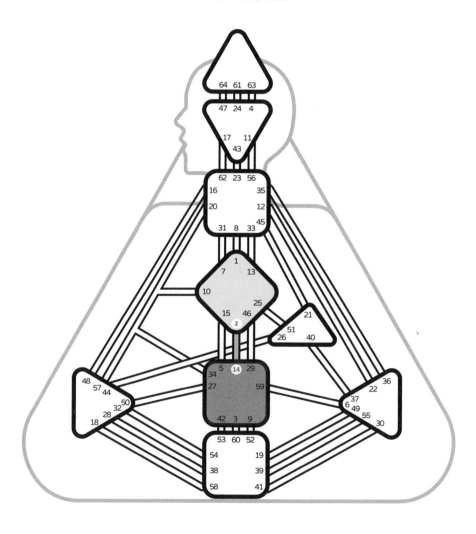

2號閘門，自我方向的閘門
（The Gate of the Direction of the Self）

G中心｜坤卦（Receptive）
接受性是決定任何回應的原始基礎、行動的根源

　　磁單極座落在G中心，事實上正是落在2號閘門。磁單極有兩個功能：第一個是連結建構我們肉體的設計水晶（Design Crystal）以及代表我們靈魂意識的個性水晶（Personality Crystal）；第二個便是連結我們此生運行的軌跡（Geometry Trajectory）。當我們正確使用自己的類型策略與權威，便是將人生的方向盤交給真正的司機（磁單極），引領我們走在自己的路上，有著專屬的主題曲與人生風景。

　　這是所有閘門中最具「接受性」的閘門。接受性，指的是「能夠或願意接受新事物、新觀點、新方向、新體驗」。而將個體的突變轉化為方向，就是2號閘門的工作。

　　人面獅身的四個閘門中，指向喉嚨中心的三個閘門（1、13、7）都是我們的角色閘門（role gates），代表著對於現在、過去、未來的觀點和視角，觀點和視角可以變化，而2號閘門（真・司機）則是**代表特定的人生方向**。

　　想像我們日常在開車的時候，駕駛總是盯著前方道路有沒有紅綠燈、檢查後照鏡的後方狀態以及儀表板裡的數據，包含時速多少、油箱

還能跑多遠。依據不同的狀況，司機藉由三種觀點來展現它前往的方向，也就是2號閘門藉由指向喉嚨中心的三個閘門顯化出人生軌跡。

　　所有的方向都來自2號閘門，藉由每一個個體不同的設計，我們有相異的運作模式。而「**生命總是會找到出路**」，2號閘門需要14號閘門的能量，就像握著方向盤的司機需要催油門才能前進，14號閘門也必須藉由2號閘門帶來的方向，才知道油門踩了要往哪去。

14號閘門，運用力量技能的閘門（The Gate of Power Skill）

薦骨中心｜大有卦（Possession in Great Measure）
透過有技巧的互動、結合優雅與控制，來蓄積並保有力量

　　14號閘門是工作的閘門（the gate of work），對擁有14號閘門的人來說，只有兩種生活的方式：

- 一輩子做著熱愛的工作、賺很多錢、過得很好。
- 一輩子做著某份工作，生存下去。

　　薦骨是生命的動能，所以薦骨不會讓你死去，要不就是為了生存而餬口，要不就是在工作中獲得應有的回報。這個閘門是真正擁有財富（real wealth）潛能的閘門，唯一的方法是回應，當擁有這個閘門的人做著自己有回應的事，他是快樂且不會感到疲憊的，**他的幸福來源不是出自別人，而是工作。**

雖然14號閘門常常讓人聯想到帶來財富的潛能，但事實上他們只是在充分地利用、發揮自身的生命力，其他的一切資源都是附加的，金錢說穿了也只是能量的一種形式，擁有這個閘門的生產者，他們人生最重要的事情就是工作。當你工作，你會得到自信與幸福，同時也會看到生命給你的回報。

薦骨並非藉由頭腦思考而是依靠身體來運作，它不理解何謂「多休息」，但他理解疲憊感（exhaustion）。當你遇到一個生產者，尤其有14號閘門的生產者，不要叫他多休息，而是確認他是否正確使用薦骨能量到「精疲力盡」。

一個薦骨正確運作的生產者，將在能量用完時自然疲憊地入睡，最終的疲憊就是死亡，那是一種圓滿，是「我的工作結束了，我累壞了，可以安心睡去」的狀態。然而，我們可以看到有許多生產者依然隨時隨地都是身心俱疲的，嘴上說著：「我想要辭職、這段關係讓我累了、我想要放棄。」這些都像是一次次的小死亡，而且是不健康的那種。

14號閘門滋養的是全體人類的方向，是最有影響力的人，它是設計來被詢問、回應的動力類型，因為這就是**生產者的本質——熱愛自己的工作**，從滿足中誕生的將會是富足，並可以造福身旁的人，創造工作機會、為全體人類帶來利益。

方向不是終點，而是人生前進的過程

2-14節拍的通道，將帶來全新方向的突變，而突變的根源來自於3-60通道那股脈衝式的能量（請參見178頁），想像透過節拍中的過場、踢正步中的換腳、音符與音符之間爆發，只要持續向前走，就會走出不一樣的新方向。

人生方向，多麼廣泛的一個詞，多少人因此而受苦，心想：「我不是鑰匙的保管者（key keeper）嗎？我怎麼會不知道自己的人生方向？」然而，G中心並非一個察覺中心，所謂的方向，是透過一次次薦骨的回應，在人生中不斷做出正確選擇的過程。

我們在覺知迴路的簡介（請參見170頁）中有提到，覺知需要時間，而且處於知道與不知道之間，直到「知道」的當下才會知曉，在那之前一切都是「不確定」的狀態。

而2-14通道連結到薦骨中心，給予這個世界的方向前需要被詢問，需要薦骨給予回應，當一切有新的可能、新的突變，在節拍與節拍之間，隨著2-14的能量啟動，薦骨會以震動的方式發出喉音，**開始一個播種的過程**，目的地在哪裡並非重點，也不是絕對。

這也是三條譚崔通道[1]之一。譚崔在七大能量中心的時代，代表性與重生，而當人類這個物種進化到九大能量中心時，譚崔通道的意義在於薦骨與G中心的連結，那代表了薦骨的神聖性，是更高層次的愛：

對人類的愛、對身體的愛、以及更高自我的愛。

也就是說，跟著你內在的生命之流與模式、讓身體帶領你沉浸在當下的體驗裡，對於擁有2-14通道的人來說，即是「接受真正能夠帶來新方向的回應，並踏上這個過程」。

與身旁的人多多交流與討論

方向的突變，就像從科學界從牛頓走向愛因斯坦，對人類整體帶來極大的變化，這是鑰匙保管者帶給社會整體方向的突變。

但這一切並非頭腦所決定的，個體覺知的設計當中都帶有「不確定性」，2-14不會知道自己要往哪裡走，就像瑪麗・居禮不知道放射性物質「鐳」的研究，會讓整個物理學界重新思考能量守恆定律，但她仍在女性相對弱勢、沒有後援的時代，堅持著自己的研究。

當你向擁有2-14通道的人尋求人生方向的建議，如果他們對此次的談話有回應，將推動你走向全新的可能。這條通道又稱為「指路人」，他們內在具有各式各樣的引導準則，但他們並不知道這段對話將帶來何種結果，也不清楚自己提供的建議可能帶來什麼樣的全新突變，唯有薦骨被正確詢問，他們才能帶著你踏上全新的旅程。

---

1 譚崔通道（Tantric Force/Channels）包含5-15、46-29、2-14通道。

而對於這條通道的本人而言更是如此，自己的方向永遠來自於每一次的回應，因此，2-14通道的設計非常需要跟身旁的人多加討論，這樣才會有大量的選項可以讓你做出回應，但這一切的前提是等待。

　　身為鑰匙保管者，如果不理解使用鑰匙的方式為「等待被詢問」，就會永遠感受到不知該如何使用能量的沮喪以及對人生的迷茫。

　　所謂「帶來新方向」只是一個開始，這是前進的過程，我們在播種階段看不出來未來的具體樣貌，而這個過程需要持續灌溉才會有結成果實的一天。也不要將突變視為具體的大事或小事，而是在回應裡、節拍之間，讓我們人生走向不同的選擇。

　　有趣的是，1-8啟發的通道也與2-14通道緊密相關，可以說是將2-14的能量引導出來的最佳幫手，1-8有能力用最生動的方式表達出2-14帶來的新方向。別忘了個體人的設計需要社交技巧，能夠清楚表達自己的願景（vision），才能被集體所接受。

　　除了學會「等待被詢問」來啟動鑰匙之外，擁有這條通道的設計，更要深刻明白所謂的「新方向」可能不是邏輯認為最合理的，也不是感知情緒最喜歡，甚至也跟健康與安全無關，它就是一個單純的播種過程：你跟著薦骨的回應前進，學會臣服，看看人生真正的駕駛會帶著我們去哪裡。

　　想要知道種子會長出什麼樣的果實、枝葉有多茂密、根又可以蔓延

多深多遠，唯一的方法就是持續灌溉與施肥。熱愛工作的2-14，他們有用不盡的動能與肥料，其來源就是薦骨的能量，唯有在薦骨有回應時，才能把這些能量正確運用。

28-38 掙扎奮鬥的通道：
頑固的設計

不要糾結在這種地方

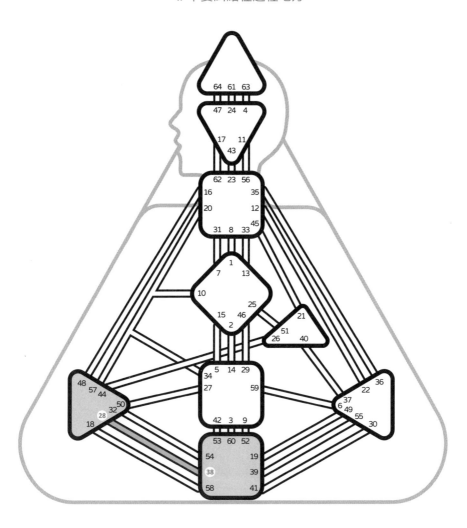

28號閘門，玩家的閘門 (The Gate of Game Player)

直覺／脾中心 | 大過卦 (Preponderance of the Great)
權力和影響力的短暫性

　　28號閘門是概念化的閘門（the conceptualizing gate），是一切意識過程（awareness process）的第一步。簡單來說，28號閘門是在每一個當下判斷「是否值得奮力一搏」的身體意識。

　　直覺／脾中心是我們最古老也最基本的意識中心，直覺並非存在於腦中，而是身體的本能（instinct）、直覺力（intuition）與鑑賞力（taste），這樣的能力根基於試錯的過程（trial and error），因為覺知迴路的格式化通道在於3-60突變的通道，任何新方法、新秩序、新方向的出現，都需要被集體所接受。

　　生命一定有比「單純活著」更有意義的事情吧？這是一個追尋意義與目的性（purpose）的旅程，意義是需要擇善固執的，因為個體必須獨自承擔起追尋途中的風險與可能的結果，因此，28號閘門也被稱為冒險者的閘門（the gate of risk taker）。一旦28號閘門不知道自己的覺知、或不清楚該如何溝通自己的覺知，將會面臨極大的阻礙。

　　28號閘門的覺知是在當下以聲音傳導（acoustic）的方式，也就是在與他人的對話中，自發性地聽出這件事情是否值得拚搏。比方說，身為行銷企劃的小朱接到一個難能可貴的合作邀約，即使對方的報價條件

讓預算有點吃緊，但在她跟同事討論之後，她覺得這個企劃可以激盪出很多火花，所以認為依舊值得一試。

察覺中心裡的任何一個閘門都帶有恐懼，28號閘門是恐懼死亡（death），死亡在這裡的含義並不是肉體上的生老病死，它害怕的是「死得沒有價值、活得沒有意義」。如同在影集《良善之地》裡面，其中的一句台詞所說的：「一旦了解生命轉眼即逝，道德、倫理、意義才有價值。」

「這件事情是對的嗎？還是其實不需要糾結？這是我要的人生嗎？還是我的生命沒有價值？」能夠處理這種恐懼，並將恐懼轉化為優勢的唯一方法，就是按照你的類型策略與權威做決定。

38號閘門，戰士的閘門（The Gate of the Fighter）

根部中心｜睽卦（Opposition）
透過對抗有害力量來保持個人完整性的能力

根部中心並非一個察覺中心，在這裡是一種機械化的運作，因此，38號閘門相當於為了生活的目的與意義而起身奮戰的「燃料與動能」。

對38號閘門來說，唯一值得去掙扎、去奮鬥的，是讓你的生命有意義、有目的、有價值的事。因為這就是所謂「為了意義而戰」的全部價值，而要全然投入為了意義而戰，38號閘門必須得不受外界所動搖。

這裡是三個「耳聾閘門」（three deaf gates，包含38、39、43）之一，意指有著這樣設計的人時常沒有在聽你說話，就像耳聾、耳背一樣，但都是為了保持個體的獨特性與突變性。

38號閘門沒有在聽別人說話的方式是「忽視」，這樣的能量來自於3-60通道的脈衝波，所以三不五時38號閘門會進入一種「自我小宇宙」的狀態裡，固執地、自我地聽不見他人說話的聲音，因為在那個當下，這件事情對他們來說沒有意義。

但這是健康的，38號閘門的能量與壓力指向直覺／脾中心，只要是對你有意義的事情，糾結與掙扎最終都會引領你走向身心的健康，這是個體追求的方向與意義的過程，你的固執、耳背、奮不顧身都是旅程中的一部分。

追尋人生意義的英雄

網路上有一個迷因梗「在哪裡跌倒，就在那裡躺下」，這樣的人生看似輕鬆簡單，擁有28-38通道的人卻無法這麼做。這條通道提供了為人生奮鬥的能量，即使滿身泥濘，都要站起來朝著人生目標向前走。

電影台詞「人如果沒有夢想，跟鹹魚有什麼兩樣？」把這裡的夢想換成目標與意義，想像一下，如果沒有了28-38所提供的驅動力，人類與其他物種有何區別？

在尋找人生目標與價值的過程裡，必然會經歷困頓掙扎與奮力一搏的過程，人生的意義並非一開始就內建在身體的感受，而是跟覺知迴路的根基一樣，這是一個追尋的過程。

除了自己追尋這樣的過程，這條通道也會給予他人力量，以追求他們人生的意義，但這一切都需要被邀請，自己的追尋必須被邀請、帶給他人力量也得被邀請才行。不過，誰會來邀請自己在「人生裡困頓掙扎」呢？

上述的邀請並非從字面上來看，不會有個人跑來跟你說「我邀請你去追尋人生的意義」，畢竟這是一條投射者的通道，投射者的邀請也不是口頭上的甜言蜜語，邀請的前提是「被辨識」（be recognized）。因此，這條通道的被邀請為人生意義而奮戰，實際上是在摸索的人生過程中不斷地被看見「這件事情值得你繼續努力」。

所有的覺知個體通道都自帶憂鬱，擁有28-38通道的人對各種大小事都會陷入糾結，在沒有受到辨識之前，就像是在伸手不見五指的空間裡盲目摸索，這樣的掙扎是困頓的，因為不知道該為何而戰。至於到底哪些事情值得你奮戰？要從「聽見」開始。

個體設計都是聽覺的生物，無論這些值得糾結的覺知是自發性脫口而出，還是從他人口中聽見，在那個當下28-38通道的設計便開啟了一段「英雄旅程」。

在英雄旅程裡，需要遇到正確的夥伴

我們每個人都是自己故事中的主角，就像電影與小說中的英雄角色一樣，無論故事如何安排，英雄總會遇到各種阻礙與困境，而他們在最艱難、最辛苦的時刻，會遇到一些夥伴來與自己對談，儘管危機依然存在、困境也沒有因此變順境，但是英雄們依舊擁有堅定的目標，他追尋著屬於自己的意義。

在為了意義奮力而戰之際，他會與正確的夥伴結盟，而在危機與困境不斷疊加的過程裡，英雄仍會固執地堅持自己內心深處的聲音，在限制疊加到最高的那一刻，英雄才會真正地成為英雄。

28-38需要與夥伴們討論，因為這是一條投射者的設計，在獲得邀請的時候才會真正擁有能量。同時個體又是固執且耳背的，在與夥伴對談的過程中，身旁的人如果直接給予28-38通道一些建議容易被忽視，最好的方法，是讓他們「聽見那個邀請」，比方說：「我知道這很困難，但是我在你身上看見了潛力，我相信你一定做得到，當你需要我的時候，**請讓我知道，我們可以一起努力。**」

在「需要夥伴」這個面向上，可以看見「解釋」自己覺知與意義的重要性，所以28-38還會糾結文字的使用，像是如何在言談之間讓自己的覺知被理解，這正是一種被看見的過程。當28-38在言談、在文字之間能夠被理解、被邀請，就像裝備上了盔甲，為自己找到繼續奮戰的力量，也帶給他人力量。

總結來說，28-38很容易認為追尋人生意義是「自己的事」而不與他人討論，與他人討論的時候，又可能會因為耳根子硬又固執的特質而聽不進建議，導致最後找不到繼續奮鬥下去的意義，因缺乏人生目標而憂鬱，或因孤軍奮戰而苦澀。

　　舉個例子，擁有28-38通道的小雅，剛進公司時經常感到無助，在老闆一次次對業績的要求之下，漸漸不知為何而戰，每一次打擊都讓她身心俱疲，想要放棄卻又有股動能拉著自己重新站起來，雖說是站起來，也只是一邊摸索一邊往前走，不知道該去向何方。

　　但是自從與職場上的前輩長談後，小雅又重新燃起了鬥志。他們聊起在這份工作中找到的人生意義與藍圖，前輩告訴了她：「剛進來，遇到這些挫折在所難免，但這是屬於妳的戰鬥，從妳負責的專案中我也看見了妳的潛能，當妳準備好了，我們都會陪妳一起前進！」

　　小小的火苗被增添了炭火與燃料，那種想要過著「屬於自己人生」的念頭鼓舞了她，雖然工作上仍有些難題會讓小雅陷入困境，但她已經準備好要承擔起一切的風險，奮力一搏。

維繫健康的方式

　　所有從根部中心連結到直覺／脾中心的通道都非常需要身體上的運動，否則會陷入不斷跌進泥濘裡，又爬不起來的困境，畢竟是生命的動能，總會遇到令你糾結的事，偏偏個體無法每次都能順利出言解釋自

己，而英雄之旅也並非一日來回的短暫行程，所以「動起來」就是減少「不知為何而戰」最直接的方法。

如果你擁有28-38通道，記得多多去運動吧！建議邊聽音樂邊運動，你會發現在覺知迴路裡，音樂是不可少的要素，不但能讓你呼吸變得順暢、跳得比較高、跑得更遠，你也能明白原來身心舒暢就是這樣的感受。

身旁的人，不妨邀請28-38通道的朋友跳個舞吧，但我們也要明白，這個種子就像所有的個體過程一樣需要時間。正確對待28-38通道的人，將使我們的整體世界更有力量。

57-20 腦波的通道：
敏銳覺知的設計

思慮敏捷的聰明人

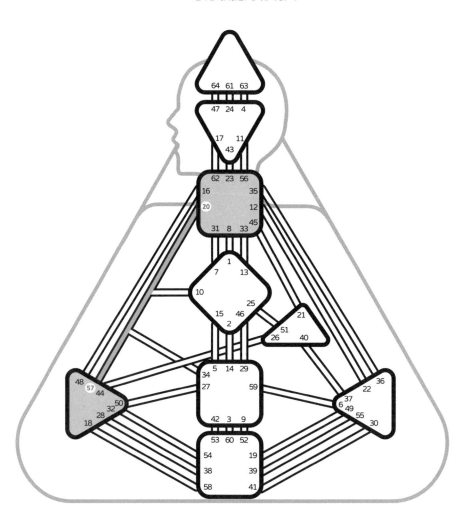

20號閘門，當下的閘門（The Gate of Now）

| 請參見〈34-20魅力的通道〉146頁。

57號閘門，直覺洞察的閘門（The Gate of Intuitive Insight）

| 請參見〈34-57力量的通道〉153頁。

腦波的直覺是身體的自然運作

延續28-38掙扎奮鬥的通道，57-20是直覺／脾中心三股察覺能量流中，直覺力（stream of intuition）的終點與完成處。透過57-20通道，將個體對於人生目標覺知的追尋，表達給世界。

57-20的名稱「腦波」，也許會加深我們對直覺的一些誤解，首先要解釋的是，直覺／脾中心為我們的身體智能，有這條通道的人將在生活與生存策略緊緊連結，再來，我們可以發現這條通道與整合通道以及回歸中央迴路（Centering Circuit）在能量上是互通的，但並不屬於它們的一部分。

57號閘門依著它的生存本能，原為整合通道中孤狼（lone wolf）的一分子，它的覺知原始設定是留給自己的生存所需，但只要在自己的設計中、或是身旁的人出現28-38通道（或是有單邊閘門皆可），**57號閘門將停止只關心自己。**

這是因為它承接了28號閘門對於生命無意義的恐懼，以及對於追尋人生目標的覺察，也因此帶動了整合通道不再只為自己的生存而活，可以說藉由57和28號閘門之間的關係，將生存的智慧透過20號閘門表達出來。

你的覺知將在受到邀請時出現

屬於覺知迴路的57-20通道有著「賦權」這個關鍵字，藉由「邀請」分享他們的覺知，擁有57-20通道的人，說出口的不只是20號閘門的「我當下存在」，還多了一個「我存在是因為」（I am because）。這是源自於28號閘門對人生目標的追求，生存不再只是唯一目的，而是藉由57-20的分享，將個體的智慧帶給世界。

這樣的智慧需要「解釋」，解釋它的生存、解釋它的覺知，解釋它對於人生目的與意義的追求。而這**必須要受到邀請，與本人的實際類型無關**，無論任何類型，當你有這一條通道時，你的覺知將在獲得邀請時湧現，也是在受到邀請時才會獲得重視，並對他人造成深遠的影響。

比方說，人類圖創始人Ra也是如此形容自己，只有當他被問到對某件事有什麼看法，他才會自然講出心中的觀點，在平常沒有人詢問的時候，他就無法釋放自身的智慧。

而獲得邀請的唯一方式，就是依照自己的策略和權威行動，如果是顯示者，在受邀分享覺知時，依照內在權威判斷邀請是否正確，在行動

時告知受到影響的人。生產者在受到邀請時，要依照自己的薦骨回應，配合內在權威（有可能是情緒權威）分享自己的覺知。對投射者而言，更是需要在獲得邀請時，依照內在權威判斷此邀請是否正確。

這個「我存在是因為」，不只是在遇到他人邀請時可以提供敏銳的覺知所以重要，更因為對於擁有這條通道的本人來說，必須明白覺知迴路的「覺知」，其實受到3-60突變脈衝的頻率影響，在日常的大部分時間都會處於「不知道」的狀態，直到正確的邀請出現。

正是由於日常生活中絕大多數的情況不見得會出現覺知，但持續運作的「我存在是因為」，將容易導致你內心認為「我的存在沒有價值，因為……」、「我不該做這件事情，因為……」、「我想放棄了，因為……」等等，如果這條通道不理解自己存在的價值、不清楚自己是誰、也不知道為了什麼而存在，個體的覺知將不被集體珍惜，也會被同質化的世界給淹沒。

換句話說，20-57敏銳覺知的設計，在每一個當下解釋出個體的突變與獨特，解釋出個人在世界生存的價值與目的。失去了這一個「我存在的原因」，個體將陷入無止盡的憂鬱。

39-55 情緒的通道：
情緒化的設計

細膩善感的文藝青年

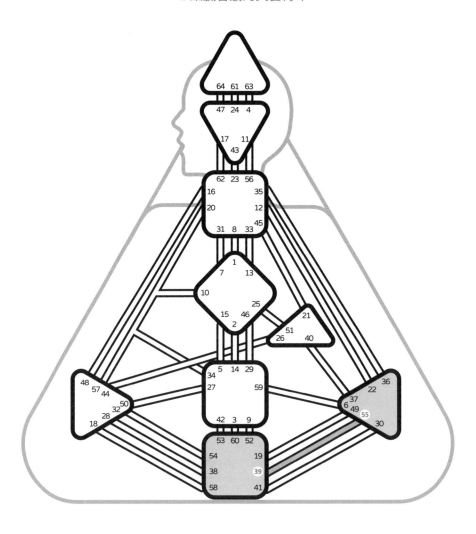

39號閘門，挑釁者的閘門（The Gate of provocateur）

| 根部中心｜蹇卦（Obstruction）
| 阻礙的價值在於引發分析、評估和重新評價

　　39號挑釁者的閘門，跟它的對向閘門（opposite gate）38號一樣，帶有一種好戰的能量，38號為了人生目標與意義而戰，39號閘門則為了人類的靈性（spirit，55號閘門）而戰。

　　靈性，在對應到中文的概念時，涵蓋甚廣，包括靈魂、精神、自我的本質、情感特質、心靈成長、宗教神性等等，但我們可總結成幾個面向：「內在的心靈」與「自我的精神」。

　　39號閘門是一種挑起、引發的燃料，它並非表面上的找人麻煩，而是找出「錯誤的靈魂」。

　　因此，39號閘門的價值必須要「反過來」看，也就是「誰不能被挑釁」。但情緒是一種波動，某個人今天能夠被挑釁不代表明天可以，這同時也是在評估，評估受到自己挑釁的人是否「擁有正確的靈魂」，如果兩人的頻率和諧，對方被挑起的情緒往往是正向的。舉例來說，同樣一句建議從你口中說出來，朋友 A 聽完欣然接受，但在朋友 B 耳裡就成了酸言酸語。

　　39號閘門的機械式動能根植於3-60通道，也就是脈衝式的動能。而這股動能與飲食有關，比方說，跟正確的人吃飯、在正確的時間吃

飯、用正確的飲食方式都是相當重要的。位於根部中心的39號閘門會有一股壓力，39號閘門如果沒有足夠的耐心，意識到情緒有週期，就可能會因為壓力過大而容易出現飲食失調的問題。

意識到自己為什麼挑釁別人，對39號閘門是非常重要的，這是一個具有「選擇性」的過程，簡言之，個體的突變以及情緒能量都需要時間，因此，藉由辨識出誰才是正確靈魂，並非挑釁任何人，也不會因此對自己的挑釁能量感到不適。

55號閘門，靈性的閘門 (The Gate of Spirit)

情緒中心｜豐卦 （Abundance）
豐盛完全是一個靈性的問題

靈性，不是腦中的想法或概念，而是「情緒」（emotion）。情緒總在波動當中，它是一種週期性的動能，隨著尖刺狀（spike wave）的波動，感受會在希望和痛苦之間循環。

這是情緒中心最不穩定的閘門，希望和痛苦是同時存在的，就像同樣裝著半杯水的杯子，當你情緒動能高漲時，你會覺得「還有半杯水」；一旦情緒動能跌落，就會變成「只剩半杯水」。而這樣的尖刺狀起伏週期，根植於3-60的脈衝波能量，它進入情緒系統時等於打開了脈衝，你會感到開心、幸福；能量關閉則讓你落入痛苦、悲傷之中。

55號是最情緒化的閘門，也理應如此，55號閘門在心情好的時候才可以吃飯、工作、社交或做任何事情，可以說是完全**看心情行事的設計**。請記得，不要幫自己的心情找任何原因，畢竟情緒的動能沒有理由，在不同的情緒點上我們自然會有不同的感受。

個體覺知的「不知道」，在此展露無遺。55號閘門的感受是不同維度上的小碎片，不但善變又多愁善感，也很難完整表達自己的感受。

裝著水的杯子就像我們的人生，永遠都有可以去感受的事，個體的多愁善感隨著「還有半杯水」、「只剩半杯水」而起伏不定，甚至不斷恐懼著哪天會不會「連半杯水都不剩」。

這就是55號閘門的恐懼：「空無」（emptiness），從原本體驗著各式各樣的感受，到什麼都沒有。如同55號的鏡像閘門28號恐懼人生了無意義，55號閘門所恐懼的空無一物，是沒有感覺、什麼都沒有、連一滴眼淚都流不出來，甚至覺得一切都無所謂了。

事實上，在那個「什麼都沒有」的時刻，反而是讓你的多愁善感起化學作用的好時機：就像迎接謬思女神在這個「感受空窗期」降臨般，靜靜等待。也不要將情緒的動能感受到的開心與痛苦當作是自己的覺知，而是要在情緒當中，在每一個當下察覺，不要忘記個體的一切都需要時間。

生活處處充滿詩情畫意

39-55是一個多愁善感的設計，當個體迴路來到情緒中心時，不僅僅因為情緒動能有週期性的運作，所有事物都在動能的波動當中，當下沒有真實，每一個個體迴路的設計，**一生的功課就是「時間」**，像是：「什麼是正確的時間點、什麼時候適合與他人互動、何時適合發言、這是展現自己的時間點嗎、何時會受到邀請？」個體迴路需要學會清晰地表達出自己的覺知，而這樣的覺知是一個過程，它需要時間。

39-55在情緒上的波動變化萬千，擁有這條通道的人，同時也是非常**浪漫且富有詩意**，你平時會沉浸在音樂或詩詞裡，也很受到它們的影響，39-55的浪漫除了在音樂詩詞上的表達外，他們也善於調情、挑逗，這是39號閘門的運作：找到正確的靈魂。

55號閘門會藉由他人的想法，來察覺自己的觀點，慢慢從「不知道」到「知道」，像是說出「對對對，就是這樣，我就是這個意思」。與39-55、12-22（參見208頁）這兩條通道的人維持感情的方式，是正確的音樂、持續的談話、笑聲與甜言蜜語，39-55的人會在上述的過程中，慢慢鎖定他想要的對象，如果找到了理想伴侶，原則上就不會輕易更換。因此，如果要說所有迴路當中，什麼樣的設計最有可能貫徹「忠貞不渝」，就屬於這兩條通道。

當情緒來到低點，試著為自己創造獨處的空間

39-55一生的課題是必須要學會如何引發、激發出正確的靈魂，如何在挑釁、挑逗之中，引起愉悅（pleasure）而不是痛苦（pain），激盪出喜悅（joy）而非悲傷（sadness）。

覺知迴路不需情緒加乘便自帶憂鬱，因此，多愁善感的39-55若不想要陷入長期抑鬱，祕訣便是**停止幫各種感受找理由**。當感受來到低點時，記得與之和平共處，這是脈衝式幫浦關閉的時候[2]，是悲傷湧入，也是你真正可以獨處的時刻。

此時，「不宜社交、忌挑釁」，在情緒狀態不對之時不會有任何突變發生，也不會產生影響力（impact）。悲傷不需要理由，也不需要開心起來，我們可以將它視為一個「空間」（space），是情緒波前進的一個位置，這些能夠為自己創造出「**適合獨處**」的空間與時間。

根部中心往直覺／脾中心前進的三條通道跟身體上的運動相關，而牽涉到如何吃、吃什麼、什麼時候吃，則是與情緒中心有關，美酒、音樂和性愛都是情緒最好的催化劑，而對39-55來說，只要情緒不對，以上任何事物都不該接觸。這除了可以避免你飲食失調之外，更長遠來說，也有益於我們迎接2027年到來的突變。

---

2 參見174頁〈3-60突變的通道〉。

2027年後，情緒中心將迎來最終的突變，事實上就發生在49號閘門與55號閘門，未來世代出生的新人類，情緒中心將不再帶有動能，而是成為純粹的覺察。突變發生在很多層面上，包括我們在情感上連結的方式、交易的方式甚至是飲食方式。可以說**沒有什麼比起尊重自己的情緒更為重要了**。

　　同樣地，39-55需要被邀請「找到正確的靈魂」，因為它是投射者的通道，所以需要被旁人辨識出來（be recognized）才能運作，體驗人生的喜悅與幸福，則是一種被辨識出來後的邀請。具體來說，39-55的哀傷、憂鬱、空虛，都需要有人和你互動、並告訴你發生了什麼事，否則在被辨識出來之前，39-55只會縮在小角落自己多愁善感起來，在這個階段，個體的課題永遠都是：「活出自己的類型策略、使用自己的權威，等待正確的時間點」。

12-22 開放的通道：
社交者的設計

耳朵懷孕的代表

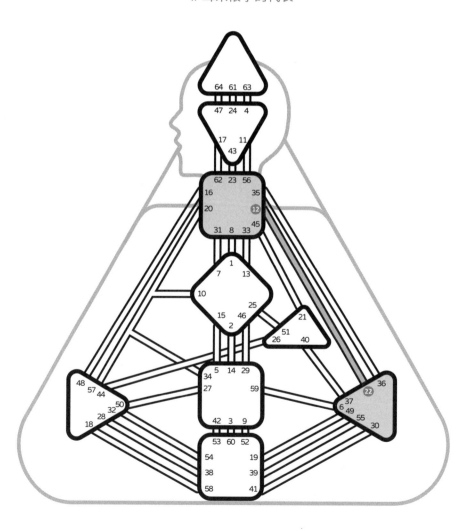

12號閘門，謹慎的閘門（The Gate of Caution）

喉嚨中心｜否卦（Standstill）
在面對誘惑時冷靜克制的特質，以及沉思和不採取行動的重要性

　　每一個喉嚨中心的閘門都有一個機械式的聲音，最後化為語言或行動，而12號閘門是唯一「不做（not doing）任何事」的閘門。

　　12號閘門和35號閘門都指向情緒中心，因此承受了極大情緒表達的壓力，但這裡是我們的三個停止密碼子（genetic stop codons，12、33、56）之一，也是三個獨處閘門（the gates of aloneness，12、33、40）之一，由此可知，這是理解12號閘門的關鍵：「**不急著回應與發言，等心情好的時後再行動、再發言**」。

　　在情緒正確時發言，才能正確釋放自己的覺察，帶來個體的突變：在文化層面、情感層面，將個體的突變帶入集體。

　　12號閘門的特質，展現在使用文字、詩歌、口語等天賦，但有些具有12號閘門的人，在口語溝通上可能會有障礙，如果有出現這樣的問題，可以尋找語言治療師調整呼吸，呼吸順暢需要當下的冷靜與調整，也是一種讓自己「謹慎」面對情緒的方法。

　　謹慎，是指社交上的謹慎，12號閘門有著「與人太親近時，不被重視」（familiarity bringing contempt）的命運，有12號閘門的人，你在親近的人面前，反而容易說太多話或說錯話，而當你與他人保持陌生

人般的距離，不輕易發言，你的舉手投足，都能發揮最大的影響力。

22號閘門，開放的閘門（The Gate of Openness）

> 情緒中心｜賁卦（Grace）
> 最適合處理日常和瑣碎情況的行為特質

22號閘門與36號閘門承受著「顯化情緒」的極大壓力，而22號閘門的壓力在於如何識別出「何時可以正確的社交」，當他們在情緒澄澈之後再進行社交，就能自然展現出內在的優雅，而不至於失控或憤怒。

22號開放的閘門，指的是對社交的開放，以及對聆聽的開放。22號閘門在生理上對應到我們的左耳，在當下聽見的是情緒的頻率，於痛苦與希望之間擺盪，內容反而是其次。而情緒在波動當中前進，因此，**在當下並不會聽見內容的全貌，需要時間才能逐漸獲得資訊。**

相信大家都有在電視劇或電影中看過一個畫面：「在辦公室焦頭爛額地接聽電話，明明忙著用右手寫下通話內容，卻用肩膀夾著話筒，用右耳接聽電話」。根據直覺／脾中心的設計，右耳在當下會自發性地運作，然而，不管你聽見的內容是什麼，都是與生存、邏輯相關的資訊。

這是源於情緒動能波動的本質，22號閘門在當下不一定是開放聆聽的，而即便開放聆聽，也因為情緒波動，當下聽見的不一定是全貌，需要時間才會理解曾經聽過但沒有聽進去的內容。比方說，擁有22號閘

門的人，用右耳接聽了一通客戶電話時，你聽到的是如何解決目前的問題，但如果用左耳聽電話，則會聽到客戶滿滿的抱怨和情緒。

22號閘門最深的恐懼是寂靜（silence），這裡的寂靜並非環境當中的安靜，而是「沒有任何值得聆聽的事情」（nothing to hear）。何謂值得聆聽的事情？延續55個體的浪漫，22號閘門**想要聽見的是情歌、情詩以及甜言蜜語**，失去了這些，就像是沒有人真正在跟他們對談一樣。

這都是情緒的振動頻率，個體設計恐懼在情緒上被拒絕，更深一層的恐懼是來自於突變的需求，22號閘門的恐懼寂靜，包括了害怕一成不變、停滯不前，在覺知上沒有任何成長。

情緒正確是首要條件

12-22通道是社交者的設計，但這條通道仍屬於在覺知迴路，個體設計的關鍵字中並沒有「分享」，而是突變與賦權，「社交」的概念內建在集體迴路當中而非個體，部落迴路也有自己特定的社交通道（59-6、50-27）。

因此，我們第一步要了解的是，這裡的社交並非指友誼或與他人建立關係，12-22作為個體唯一的社交機制，代表的是：「個體的覺知透過正確的情緒表達出來後，引起集體的注意，以詩詞、歌曲、對談，讓突變發生」。

4
覺知迴路

他們是典型「有影響力的陌生人」，只要在情緒正確時進入社交環境，傳達出個體獨特的表達，接著在情緒下跌之前離開，就像午夜前乘著馬車離開的仙杜瑞拉，帶來的影響便是沒有人會忘記你，同時，他人也因為你而獲得力量。

然而，個體人都隱藏著「被拒絕」的恐懼。如同顯示者面對阻礙一樣，他們害怕被拒絕、被注目、被挑剔，這讓擁有12-22通道的人底層蘊藏著「一股無力與無助」。他們必須理解這樣的機制，理解自己在正確的情緒之下才能進行社交，別忘了，12號閘門是謹慎的閘門，謹慎便是個體對集體的謹慎、對情緒的謹慎。

12-22的運作是「如果有這個心情，我可以試試看」。因此，當你遇到了擁有12-22通道的人，可以問問他：「你現在有這個心情嗎？」當他們心情正確時，像被施了魔法的仙度瑞拉，擁有了賦權、將影響力帶給他人的力量。

找到你生命的熱情所在

12-22也是著名的「戀愛腦」或「暈船仔」，他們會在情感上被驅使去戀愛，就像28-38必須找到值得奮戰的人生目標一樣，12-22需要在生活中「愛上任何一件事情」，否則將會是一場災難。

那是一種熱情，寫情詩、唱情歌，約會、聊天、音樂……都是不可或缺的，他們需要說出愛的詞句，也需要聽到那些愛的言語，他們是這

世上對聲音最敏感的人，渴望著「耳朵懷孕」的感覺，因為他們耳裡所聽的是話語中的情緒，你無法隨便說我愛你，他們馬上就會聽見語調中的敷衍。

當擁有12-22通道的人，找到了一個真心熱愛的人事物，他們會持之以恆，對伴侶保持忠誠，因為那是一種最大的浪漫。然而，**這樣的浪漫建立在談話、音樂之上**，當然，氣氛也很重要，配樂、美酒、情話綿綿……都是情感加溫的必要條件，若能夠藉此維繫愛情的熱度，延續39-55通道追求著感受的確定性，我們在12-22通道有機會看見真正的「忠貞不渝」。因此，如果與伴侶之間沒有足夠的對話，導致兩人漸漸無話可說，愛情則會走向終點。

我們可以在當中看見這一切共同點在於「**情緒正確**」。

情緒不對的時候，12-22無法開放，不但難以社交，連呼吸都會失衡。如果設計中有12-22這股生命動能，必定是情緒權威，我們都知道對情緒權威而言當下沒有真實，如果當你情緒尚未澄澈，請至少睡一覺起來再說。這是12號的謹慎，與22號的優雅。

生活需要一些戲劇效果，自帶鎂光燈與舉手投足的魅力，是12-22帶給這個世界的另一種貢獻，因為日常有太多瑣碎的事需要我們耐心處理。覺知的出現無法預期，它是一個人生目標追尋的過程。當擁有12-22通道的人，能夠在正確的時間點發言、行動，新的可能才有機會被表達出來，將突變帶入集體之中。

61-24 意識的通道：
思考者的設計

腦中的聲音停不下來

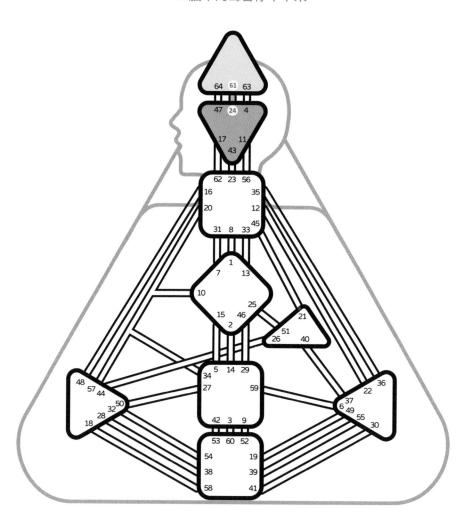

61號閘門，神祕的閘門（The Gate of Mystery）

頭頂中心｜中浮卦（inner Truth）
對普世根本原則的覺察

「歷史是他人的故事，而我的故事是神祕的可知或未知。」
（History is his story and mystery is my story.）

61號閘門位於頭頂中心，這是壓力中心，三個閘門各自代表不同的壓力，61號閘門是一種追求覺知的壓力。如同前幾篇提過的，覺知是一種突變，源自於3-60通道，那股根部中心與薦骨連結的脈衝式壓力，突變和覺知，都將在無法預測的時間點發生。

然而，壓力並不會消失。來自頭頂中心的壓力，會以「問題」的方式呈現，持續不斷地追尋可能的答案，探問著：「我是誰？這一切是如何運作的？它們的意義是什麼？」

但頭頂中心並非覺察中心，它背後是壓力。覺知迴路有三種壓力同時敦促著個體覺察的突變，也就是說，38號閘門在每個當下自發性為人生目標而奮鬥；39號閘門在情緒波動裡探求靈性的可能；而61號閘門則是持續不斷對**已知**、**未知**、**不可知**有著強烈的追求。

值得注意的是，第一部中提到「集體迴路」的根源皆為已經存在的事實：感知迴路的抽象能量流帶我們反思過去，理解迴路的邏輯能量流則創造了未來的公式，這些都與視覺過程有關，以建構出合理的日常。

但是61號閘門的覺知並非來自具體的事實，也不是源於視覺的畫面。61號閘門這種「可能存在，也可能不存在的靈感」，就像腦中收訊不良卻又持續不斷的噪音。如果沒有釐清「可知且有價值」、「可知但沒有必要」、「不可知」三者的差別，61號閘門在追尋已知、未知、可知、不可知的過程當中，容易陷入妄想與瘋狂裡，或者總是睡不好。

24號閘門，合理化的閘門（The Gate of Rationalizing）

概念化中心｜復卦（Returning）
自然且自發性的轉化與更新過程

61號閘門的壓力落在了24號，合理化的閘門。

24號連接著三個覺察中心之一的「概念化中心」，顧名思義，這裡是一個概念化的過程，讓我們可以將相似、相同的事物放在一起理解，是思考、學習和認識世界的能量中心。

而24號閘門的任務，是識別出61號閘門對未知的追求，包含：**什麼是新的、未出現過的、突變的事物？**

迴路裡的閘門彼此串連，24號閘門與直覺／脾中心的28號閘門相關，因為28號是「概念化的起點」[3]，那股對於覺知的追尋、害怕人生了無意義的恐懼，會導致擁有24號閘門的人不斷想著：「這些是值得知道的嗎？這是有價值的覺知嗎？這值得我為它掙扎奮鬥嗎？」

這是一個非常困難的過程。其中的難題在於，覺知迴路同時受到直覺／脾中心和情緒中心的影響，我們所面對的時間叫做「當下」，當下看的是對「未來」更好的模式，每個當下也會成為「過去」，作為我們反思的材料。

然而，個體的突變過程是在「脈衝式的能量」下等待，同時每一個當下非常短暫，這是個重複的循環，造成24號閘門在循環中持續不斷地、自發性地思考。而這些思考並不保證能帶來新的事物，他們也因此受盡折磨。

覺知無法立即得知，也沒有參考值可以判斷是否為真，24號閘門的最深的恐懼就在於「愚昧無知」（ignorance），不僅僅是表面上的害怕自己不知道，更深一層的恐懼在於「所有的人都還沒有準備好要知道」，簡單來說，意指**他們的覺知不被集體所接受**。

以2-14通道帶來新方向為例。當一個全新的想法出現，如虛擬貨幣、電動車、AI等等，這些想法沒有被集體經歷過，因此大家會有抗拒的心態，像是虛擬貨幣並非實體，風險過高；電動車無法取代油車；AI的出現將導致人類失去工作等，這都是突變出現時，新方向遭受到的考驗。如果連具體的物品出現都不見得立刻被接受，61-24通道的覺知更是一個**毫無來由、腦中徘徊的「聲音」**，等待著被合理化，可以想像其困難之處。

---

3 參見188頁〈28-38掙扎奮鬥的通道〉。

這種整個世界包含自己都無知的恐懼，驅動24號閘門對所有可能的知識都保持開放，更加深概念化中心的焦慮。同時，覺知迴路共同的恐懼在於無法解釋自己，這也是「合理化」的過程，如何讓集體理解新的覺知、新的方法、新的方向甚至是靈性的突破，這將在通過43號閘門來到23號閘門時獲得可能[4]。

辨別出你需要知道的事

61-24通道，思考者的設計潛藏著多愁善感的心智（melancholic mind）。它憂鬱的根源就在於一切沒有突變、沒有改變，他們只能在脈衝波的頻率當中等待。

覺知迴路的生命動能與「聽覺的思考」有關，它不是集體迴路中與視覺思考的連結，視覺的思考說的是「你看喔」、「你想想看」。而時下流行的一句迷因台詞「你要不要聽聽看自己在說什麼？」這其實就是覺知迴路的聽覺思考，雖然用的詞是聽聽看，但含義是要對方思考。

然而，個體覺知的困境是共通的，它並沒有過去的經驗作為反思的基礎，也並非試圖建立規則與模式投射向未來。如果集體的思考方式是如同看電影，當中有畫面、有字幕，而覺知則是純粹的 Podcast 音檔，這個聲音會重複出現，就像在山谷間迴盪的、沒有人知道從哪開始的回音一樣。

覺知說的是「我知道」（I know），但是在知道之前都是「不知

道」。這是思考上的停滯不前，就像 DJ 不斷來回刷動打碟機一樣，反覆播放某個片段，在同個循環裡等待突變，等待頓悟的那一刻。

對心智而言這是非常憂鬱的設計，那股能量無處可去，因此，區辨出什麼是「需要知道的」、「不需要知道的」、「無法得知的」對這條通道的思考者們至關重要。以下為大家分別詳細說明：

- **需要知道的**：是自己。認識自己，能幫助我們探究宇宙間的奧祕，這是人生中唯一需要解開的謎題。

- **不需要知道的**：跟生活無關的。在資訊爆炸的時代，排除不重要的訊息將可以有效減緩思考的壓力，避免造成偏頭痛、耳鳴等問題。

- **無法得知的**：這會使你瘋狂。世上有太多無法得知的事情，當你無法放下這世上更多的不可知，靜下心等待，不但將面臨生理上的不舒服，更會陷入追求覺知的執念之中。

除了需要辨別出可知且需要知道的事情以外，思考者也往往難以表達自己的覺知。因為在「聽覺思考」的世界裡，這些覺知都沒有現實經驗作為佐證，是不接地氣的，要將這些覺知「具象化」相當困難。

---

4 參見222頁〈43-23架構的通道〉。

就像山谷間的回音，好像有聽見點什麼，但並不那麼清晰、像是有人在說話，又分不清是誰的聲音，61-24是一股以內在聲音作為呈現的能量，所等待的是在突變發生時，清晰的那個當下。

被邀請時，你的覺知才會被珍惜

同時不要忘記這是一條投射者通道，「思考」這件事情是需要被邀請的。由此可以看見「邀請」的本質：我們不是被人所邀請，而是「透過人」獲得邀請。

這是個體設計的人被邀請來「透過思考，以心智參與生活」的過程。例如，身旁的人向你詢問有沒有什麼想法，可以協助他遇到的人生困境，但重點不在是誰來問，而是**你理解這世界的獨特思考方式被賞識**，進而得到了邀請。你不需要特別做什麼，這不是要你透過思考、藉由心智去做某件事或獲得什麼，因為邀請總是存在，你只需要等待突變的發生、等待覺知的到來。

然而，有這條通道的人經常困在自己的思考當中，感到憂鬱又沮喪。建議別為自己持續的思考附加任何理由，就像情緒的波動一樣，不需要為自身的低落找原因，一旦嘗試控制我們覺知的過程，就會容易產生各種心理上的問題，或導致生理上的不適，比如頭昏腦脹、聽見刺耳的聲音等等。

想要擺脫這樣的憂鬱與不適，就是**接受自己的多愁善感**，明白等待

的時間並非自己可以控制的，依照你的策略與權威生活，並且真正地接受與放下。

　　另外，為了排除腦中嘈雜的噪音，不妨聽聽白噪音讓腦中的聲音沉澱下來，專注於當下，而非無止盡地深陷於那些「已知／未知、可知／不可知」之中。

43-23 架構的通道：
個體性的設計

子彈列車般的思緒

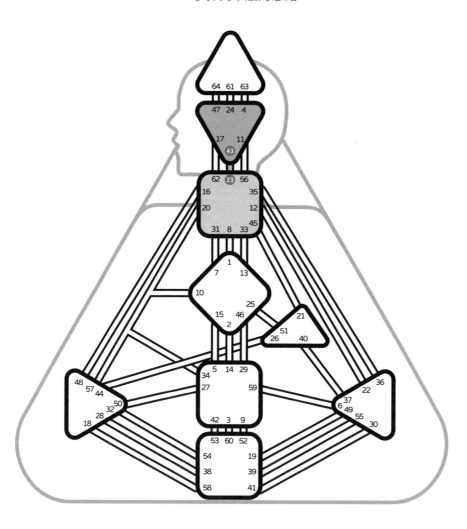

43號閘門，洞見的閘門 (The Gate of Insight)

> 概念化中心｜夬卦（Breakthrough）
> 為了保持成就，必須建立一個新的秩序

與覺知迴路的每個閘門相同，43號是一個聽覺的閘門，雖然它的名字是「洞見」，時常被認為是「內在視覺」或「第三隻眼」，但事實上它代表我們的「內在聽覺」，與22、57閘門的左右耳相對，這裡是內在之耳。

這樣聽覺的大腦（inner acoustic mind）是24號閘門將「內在真理」合理化後，轉化為獨特觀點、洞見的唯一可能。43號閘門是覺察的終點，只要完成最終的概念化，便只要等待與喉嚨中心連結的正確顯化時機。

雖然這是一個聽覺的大腦、內在之耳的閘門，但這同時是三個耳聾閘門（38、39、43）之一，43號閘門是**最難聆聽他人的一群人**，也是**耳朵最硬、最難被教導的設計**。

43號閘門是以「聽覺」來學習，而不是解決問題，因此，聽不進他人的話，反而是在基因層次上保護他們，避免過度受到外在的影響，以維持自己內在的覺知。要教導擁有43號閘門的人，最好是用語音的方式、從頭開始，並且簡單明瞭。

他們是覺知迴路對於新方法、新方向、新的覺知的終點，43號閘門

的洞見，是為了提供新秩序、帶來效率與突變。但這正是43號閘門最深的恐懼：無法解釋自己的覺知。

絕大多數的個體設計都感覺自己像是局外人，他們核心的焦慮便是自身的洞見不被集體接受，因為他們認為洞見被拒絕，就如同自己被拒絕一樣。事實上也是如此，**當43號的洞見無法被解釋，在集體之中可能會被排斥。**

因此，如果你有43號閘門的孩子，讓他們練習表達自我是重要的，他們自小就會試著表達自己的覺知，他們可能真的知道也或許沒有，但無論如何，如果他們長期被拒絕、被視為怪胎或局外人，他們將對於表達感到恐懼，並且無法將全新、有效率的架構帶給這個世界。

23號閘門，同化的閘門（The Gate of Assimilation）

喉嚨中心｜剝卦（Splitting Apart）
非關道德。藉由覺察和理解而接受多樣性

喉嚨中心是我們語言、行為的顯化中心，其中的每一個閘門都有一個機械化的聲音，23號閘門在此說的是「我知道」（I know）。喉嚨中心三個指向概念化中心的閘門62、56、23，負責的是溝通，尤其是**語言上的溝通。**

不同於屬於集體迴路的62號和56號閘門將視覺的畫面與概念（17

號、11號閘門）轉化為語言，讓身旁的人可以理解抽象的體驗以及邏輯的模式；23號閘門則與視覺無關，個體設計在此進入了「聽覺」的溝通表達，23號閘門就像是「即時口譯」一樣，將43號腦中的聲音轉化為語言、以解釋自己的覺知。

解釋覺知並不是一件容易的事情，在個體的世界裡，突變發生在脈衝波的空拍中[5]，而23號閘門永遠介於「解釋或不解釋」，「知道或不知道」之間。只有在23號閘門得以解釋時，個體的突變才有機會進入集體，開始這段被理解的旅程，只要集體可以理解並且接受，那麼個體就不再是怪胎或局外人。

解釋，並不是一種天賦，而是需要經過訓練的，也是個體在追求目標的過程，它需要被識別出來、投注心力在當中奮鬥掙扎，讓自己的獨特性被集體理解、接受。如果一個洞見真的對集體有價值，那麼，它必須要被成功地表達出來。

集體以及部落迴路都是道德主義的，但突變並沒有所謂的對和錯、好與壞，個體並不是一個追求道德的過程，而是能否擁有某種覺知，但那需要時間等待突變的洞見，還必須努力讓洞見被接受。

同化的閘門，它的核心重點在於消除這世上的對於新事物的不寬容與偏見；同化，代表個體融入集體的過程，個體永遠在尋求被接納與被

---

5 參見174頁〈3-60突變的通道〉、180頁〈2-14節拍的通道〉。

接受，也就是說，當個體設計能夠清晰地表達、解釋自己的洞見時，才會獲得集體的尊重。

為世界帶來巨大的革新

　　43號閘門與23號閘門互為對向閘門，在輪迴交叉或是南北交當中必然一起出現，因此，擁有43-23這條通道的人比起只有單邊閘門的人還多。同樣的狀況也發生在37-40通道（參見282頁）、34-20通道（參見144頁）。

　　個體迴路突變的根源在3-60通道的脈衝式能量中，發生在一陣陣能量的空拍之間。3-60就像被貓咪玩亂的毛線、丟在包包裡打結的有線耳機，需要仔細看看線頭在哪，才能解開線團。

　　當這股能量來到了43-23架構的通道，無論是「凡事起頭難」還是「限制」，最終都要突變出「新方法」或「新事物」，因此，底層追求的同樣是「效率」，42-23則能帶來嶄新的洞見或巨大的變革，像是：能否把舊有的架構打碎，刪去不必要的結構，重新組織出全新的技術與概念。人類圖創始人 Ra 也有這條通道，他在將人類圖系統化時廣納了同樣設計的成員，因為他所建立的人類圖體系正是替這些複雜的知識，找到一個簡單的切入點，試圖以最有效率的方式，為人生的各種問題提供解決辦法。

　　此外，**43-23是引導34-20魅力通道的最佳夥伴，因為34-20強大**

的薦骨動能持續顯化的結果，就是尚未等待被詢問便開始忙碌，所有事情都以「最快完成的方法」為考量。同樣是以「效率」作為出發點的架構通道，43-23可以讓34-20正確地忙碌，藉由能量引導的安排，使34-20被賦予力量，而成為最佳的工蜂。

從怪胎到天才

然而，要能讓世人重視你的新想法，有幾個困難之處：

▌將內在聲音轉化為語言

感知迴路透過感受的表達來看見故事，讓我們每個人都可以身歷其境地獲得體驗、得到反思、接受信仰；理解迴路藉由語言的建立，來看見模式與事實，以組織起全部的人類，讓大家接受知識。

至於覺知迴路，則是關於聲音的運作，43號閘門是內在之耳，它的運作跟我們生理上的聽力不同，是一種內在的感受。要將這樣的「聲音」翻譯成「語言」並不容易。

如果用電影來比喻，11-56好奇的通道，如同編劇與導演拍出了電影的畫面，什麼時候用特寫、什麼時候爆破、何時下配樂、何時做出戲劇張力；17-62接受的通道，就像是組織團隊分工、製作腳本與字幕。43-23架構的通道則不單純是音效或配音，更近似於「解說版影評」，它超越了電影本身，為某些關鍵劇情下註解與評論。

清晰表達

別忘了，43號閘門又被稱為「耳聾的閘門」，在難以聆聽旁人話語的前提下，43-23與他人溝通也是相對困難的，時常出現的狀況是，沒有聽到對方的問題與討論的方向、太固執、不懂得變通等等，這些都是在日常生活中難以清晰表達的障礙之一。

再來，擁有43-23通道的人會帶來終極的新想法、新觀點、新方法，這對集體來說並非每天的日常，尤其這些腦中覺知沒有事實佐證、未曾被經歷過，也因此，要說服集體接受，更需要清晰地表達。

清晰表達在這裡還有另外一個難處，43-23的「效率」在表達上運作時，容易跳過這之間的前因後果、細節的陳述，讓聽的人摸不著頭緒。但是缺乏清晰表達，再有道理的描述，都難以被人所接受。

被辨識／邀請

就像34-20是一條「真・顯示生產者」的通道一樣，43-23是「真・投射者」的通道，所有的表達和覺知都需要被辨識、被邀請。

邀請不僅僅是來自他人，更來自一種情境，當43-23在與集體對話時，理解迴路說的是「我覺得」、感知迴路說的是「我相信」，當對方開啟了這樣的話題，隱藏在背後的便是邀請43-23來分享他的「我知道」，比方說：「我覺得這件事情可能是這樣、我相信這件事情應該是那樣，你呢？」，此時，43-23便可以分享「我知道這件事情應該是如何

作用的」。

　　當43-23獲得邀請時，不但對方會想要聆聽你獨特的想法，此時，你的表達也能較為順暢，因為個體的覺知是一個突變的過程，需要時間，所以在被邀請時，這些覺知將在對話中逐漸浮現。這是練習表達自己的最佳時刻，透過被邀請，將內心的想法清晰地表達出來。

　　如果缺少了上述的邀請及等待、沒有清晰地表達自我，43-23會越來越不敢在公眾發言，溝通表達對個體來說並非與生俱來的技能，而是需要後天練習的技巧，否則不但覺知、突變、效率，皆無法帶給世人助益，也會被認為是怪胎，成為被世人誤解最深的設計。

1-8 啟發的通道：
創造力楷模的設計

突出的怪才

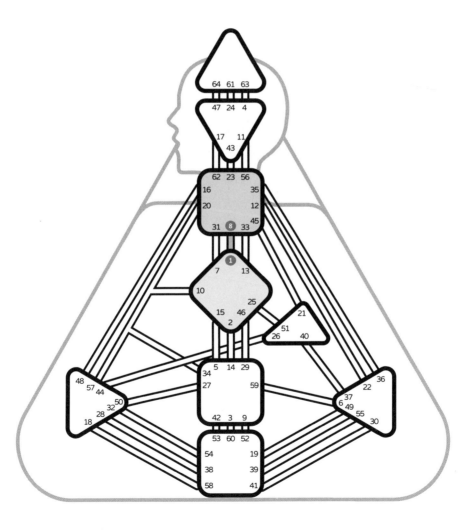

1號閘門，自我表達的閘門（The Gate of Self-Expression）

G中心｜乾卦（The Creative）
創造力作為原始驅動力，能發想突破限制的靈感是他們潛在的能量

我們再次來到G中心，在這個能量中心討論的是愛與方向。1號閘門屬於輪迴交叉人面獅身的一部分，7、13、1三個閘門，是人生前進的觀點，同時也是我們的角色閘門，無論你的設計中這些閘門是否有啟動，對應不同的人生角色（Profile）的爻[6]，是我們在與他人互動時對外呈現的行為模式。

在1號閘門所要呈現出的角色，就是表達出「獨特性」，也就是突變。當這樣的獨特性被表達出來時，將有機會帶給身旁的人突變，這樣的突變是一種跳躍的方向，發生在3號閘門新秩序與43號閘門的架構之間，藉由2-14的能量，在脈衝波之中進行。

「突破框架」是獨特性的核心關鍵，1號閘門不能陷入集體迴路的迷思裡，因為覺知迴路的世界裡沒有是「比較級」的。例如：比較舒服的體驗、最好的商品；比較差的模式、最糟的版本……我們需要將複數個類似的事物、經驗和規則放在一起才能做比較，所以集體的設計才會在相同的商品、類似的體驗中不斷追求「最好」。

---

6 每個閘門會對應一個爻，共有1到6個爻，每個爻各代表一種表現方式（此為較進階的內容，此書不多加討論）。

然而，一旦個體的突變迸出了某個「新」概念，因為它是獨一無二、突破框架的自我表達方式，如同橫空出世的藝術家或哲學家一樣，他們的新洞見不一定能夠被世人所接受，但他們要做的並非修正自己以符合世俗的標準，而是需要獨具慧眼的經紀人（8號閘門）代為發聲。

兩者之間的關係如果和諧，將有機會為集體的方向帶來一個全新、充滿創造力的觀點，但如果經紀人反過來想要控制藝術家，或藝術家想當自己的經紀人，彼此的關係便會變得緊張。

8號閘門，貢獻的閘門（The Gate of Contribution）

喉嚨中心｜比卦（Holding Together）
基本的價值在於將個人的努力貢獻給集體目標

8號閘門是貢獻的閘門，與23號互為鏡像閘門，意思是它們的運作原理相當，但展現不同，就像28號閘門相對於55號閘門。23號閘門是同化（Assimilation）的閘門，是個體得以成功表達自我，以融入集體的閘門，而8號閘門的貢獻則是「**藉由與他人共同的努力、提供協助以達成目標，讓事情成功**」。

這樣的貢獻與集體不同，喉嚨中心指向G中心的三個閘門都與我們的身分認同（identity）相關，為這三種不同的自我角色發聲：邏輯理解的31號閘門說的是「我認為是這個方向」；抽象感知的33號說的是

「我記得是這個方向」。

　　至於8號閘門，說的則是「我知道我可以找到方向」。如果有人辨識出這樣的才能，8號閘門便能夠帶領他人，如果沒有人辨識出來，8號閘門將獨自前行。因為這就是真正的自我：成為群體中有貢獻的人，但不會失去自己。

　　這也是懸掛[7]的8號閘門所遇到的兩難：「我知道我可以」，但何時是正確的時機，表達出自己可能的貢獻？畢竟覺知與突變總在脈衝之中，難以捉摸。

表達能力的重要性

　　1-8是我們七條創造力通道的其中一條，它們各自融合了自身迴路與通道群的特質，是所屬迴路溝通、互動的出口，藉著創造力通道，各個迴路得以表達自己。

　　因此，1-8可以說是覺知迴路的發言人，「啟發」的核心重點在於「賦予他人力量」。所有的創意、靈感、覺知並非給予擁有1-8這條通道的本人，而是與他們對話、互動的人們，讓他人在其中備受鼓舞且實質上獲益。

　　1-8通道也是所謂的楷模（role model）。身為覺知迴路的個體設

---

7 懸掛閘門（hanging gate），意指只有單邊閘門開啟，未形成整個通道。

計，一切新的方法、新的模式、新的想法都是為了引導出一個突變的嶄新方向，讓人生找到努力的目標，或更高的靈性追求。而這是一個過程，突變發生的那天，從來不是真正改變世界的那天。

「要如何解釋給集體社會理解？」「該如何說明自己可以提供的貢獻？」與43-23相同，1-8非常需要**培養溝通表達能力**，因為所有的創造力通道都是一種藝術，是該迴路所有元素的整合，而1-8所呈現的是**「解釋」或「表達」的藝術**。

除了需要培養溝通表達的能力，1-8與43-23相同的地方，在於必須等待邀請。如果沒有等待邀請，無論可以做出多大的貢獻，都不會被人尊重與欣賞。但這兩者之間依然有些微的差異，43-23解釋他們所「知道的」（what they know），而1-8則是解釋他們「可以做的」（what they can do）。這樣的特質如果搭配上動能，尤其是對於同時有接通2-14的人來說，或者當1-8碰到擁有2-14的人，將會成為非常驚豔的設計組合，所有新方向都夠更順暢地表達出來。

1-8的貢獻必須受到邀請，他們不能主動說「我來幫忙、我可以帶來貢獻」，因為不會被人重視，他們需要在被詢問「你可以幫忙嗎？」的時候，**解釋他們接下來會「如何執行」**。這也是為什麼在日常生活中，我們可以注意到有1-8這條通道的人，有時會不自覺地將生活中大大小小的「步驟」脫口而出，比如說：「好，我現在要先把肉從冰箱拿出來退冰了。」

影響他人的關鍵在有意識地表達出步驟

藉由表達「我可以做出貢獻」，1-8也是一條具有領導特質的通道。G中心與喉嚨中心連結的三條通道（7-31、13-33、1-8）具有領導的潛能。與另外兩條集體迴路的領導方式最大的差異在於，1-8通道是改變我們對這世界的觀點。

人類圖創始人 Ra，他喜歡用一個飛機失事的故事來呈現三種不同領導的風格。有一台飛機失事迫降，被困在了沼澤地裡，人人都急著想要對外求救。此時擁有7-31通道的人，他會站出來說：「飛機大約飛行了17分鐘，太陽在這個方位，因此可以推斷我們迫降在起飛地點的西北西方向，如果我們朝這個方向轉，我們都能安全地回家。」從事實推論出公式以及安全的模式，這是理解迴路的運作。

而13-33通道則完全是基於過往的經驗，他會說：「我曾經當過童子軍，有次在野外迷路且成功求生，我們現在需要先找到可以讓大家安全過夜的地方，找到水源、生起營火，因為我當初就是用這個經驗生存下來。最後搜救隊會來找到我們的。」經驗就是一種智慧的傳承，讓人們不需實際體驗過也能避開危險。

但擁有1-8通道的人無法解釋，他只是「知道」方向在哪裡，沒有事實與經驗的佐證，不過，他們知道如何走出新方向。集體是社交的，是分享的，他們會試圖說服你，但個體覺知的1-8通道並不需要這樣的「群眾」支持，身為「獨特的個體」，他們不需要比較，而是藉由自己

的策略和內在權威，在正確與他人互動時，給予他人啟發與力量，這就是楷模。

　　1-8的貢獻是將全新不同的啟發與力量帶給這個世界，除了需要明白被邀請（被詢問協助）的重要性之外，更要明白這一切都關於你如何向人解釋，也就是說，你能夠影響每一個人的前提，**取決於你是否有意識到自己如何表達、解釋自己可以提供的方法與步驟**。

2^8

5^7

LIFE FORCE
STREAM
CIRCUIT

57

28

第五章

回歸中央迴路

Centering Circuit

10-34
51-25

簡介：
關於突變、個體、賦權

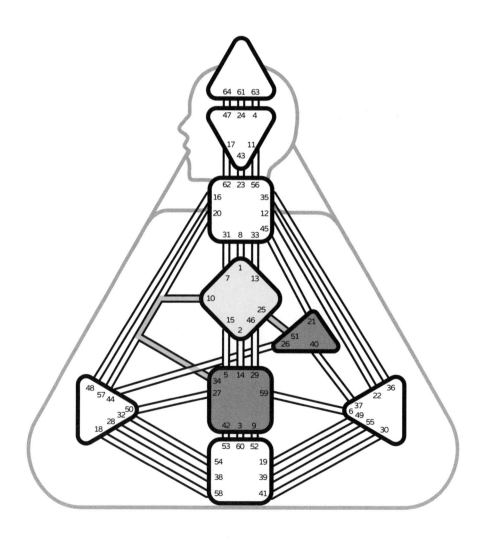

個體迴路群（Individual Circuitry）由覺知迴路（Knowing Circuit）與回歸中央迴路（Centering Circuit）所組成，其中，回歸中央迴路是一個小型迴路，包含兩條通道：10-34探索的通道、25-51啟動的通道。

雖然回歸中央迴路是只有兩條通道的小型迴路，但是影響甚大。這個迴路被稱為「回歸中央」，是因為就像打字系統中的「置中」功能，會將一切能量吸引至此。

從個體來說，擁有這個迴路中兩條通道任一條通道的人，都將在自己的設計中增添更強烈的個體色彩。換言之，就算原本是偏向集體設計或是部落設計較多的人，他們擁有的集體、部落特質也將帶著更多個體的特質。

另一方面，如果你的人體圖中並沒有這個迴路的設計，但是每當你遇到他們，即便是「九星聯合、百年一遇」的情況下，他們都將在你生命中留下極大的影響，**讓你有力量做自己、重新看見自身的獨特性**。

因為回歸中央迴路屬於個體迴路群的一部分，它的關鍵字同樣是「賦權」。當他們回到自身的類型策略與權威時，身旁的人除了在他們身上感受到無比的力量外，更能在自己的身上也看見這股「自主」、「做自己」的能力與權力，發現「原來沒有人可以控制我，我不需要再受到制約，我也可以如此有力量」。

10-34 探索的通道：
追隨內心信念的設計

＃成為自己生命裡的主角

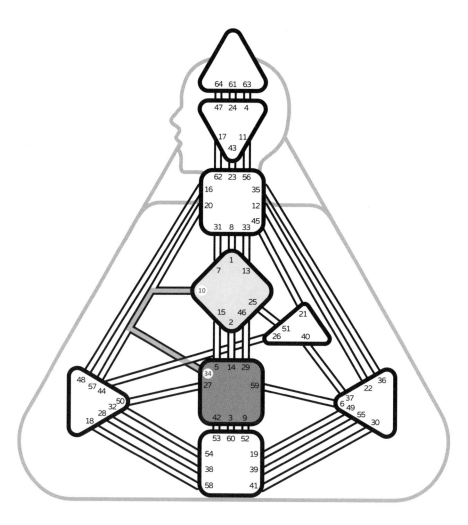

10號閘門，自我行為的閘門 (The Gate of Behavior of the Self)

▌ 請參見〈57-10完美形式的通道〉159頁。

34號閘門，力量的閘門 (The Gate of Power)

▌ 請參見〈34-20魅力的通道〉145頁。

讓薦骨的回應，成為你做自己的力量

「別刻意跟他人一樣，每個人都是自己的主角。」

10號閘門的「自我行為」，也可以說是人生中的每一步，藉由34號閘門獲得了力量，擁有10-34通道的人，不但在人生中擁有非常固定的行為模式，也會讓身旁的他人擁有力量，更堅定自己的行為模式。

換句話說，這條通道蘊含了所有個體設計的核心：不受阻礙地做自己，同時也讓他人有力量做自己。

自己，這短短兩個字，卻包含了全世界。我們總是說藉由人類圖指出的方向和路標，可以讓人理解自己天生的設計，以及後天可能受到的制約。但那不過是方向和路標而已，路上遇到的旅客、走進了哪家店、吃了什麼美食、聞到了何種花香、抬頭看見了什麼樣的天空⋯⋯這些都需要花上一輩子的時間，靠自己在人生之中探索。

不過，探索並非盲目前進，10號閘門，是行為的閘門，代表你踏出的每一個步伐，其力量都來自於薦骨中心的34號閘門：回應。所謂正確的行為來自於回應，回應是10-34唯一正確的可能。也就是說，只要是來自於回應，行為就是正確的、完美的；透過回應，就可以擁有正確行為的力量。

我們容易誤以為「正確的行為」是一件很重大或嚴肅的事，可能必須要拯救受苦的靈魂、挽回無辜的生命等等，事實上，正確的行為包含日常生活所及的一切，因為回應只發生在能量場中，來自於我們的日常生活。

回應並非虛無飄渺，擁有這條通道的人，能量場會像旋風一樣向內捲入，你會自然而然地被詢問、等待回應，此時，10號閘門的自我行為將獲得力量，這也是聚焦置中（centering）特質的展現，你會吸引旁人的目光與焦點，這樣的焦點是正面或負面，取決於你的行為是否「追隨內心的信念」。

從每次的回應之中，向內探尋你的理念

能量場中擁有聚光燈的10-34，總是遇到身旁的人給予好心的建議，例如「這樣做比較簡單」、「相信過來人的經驗」、「要不要嘗試看看其他方法？」……這些都是實用的建議，但是對10-34來說，一旦離開了自己的回應，那就不是正確的行為，你也將失去所有的力量。

所以「愛自己」、「做自己」，並不需要向外追尋，不需要外在的慰藉，不是出於某種人生哲學、也並非某個理念或想法，而是來自「薦骨的回應」。當擁有10-34通道的人能夠真正地回應，便可以秉持著自我信念的力量，無論這個回應的內容是什麼，都能夠堅定不移。

而這就是愛自己的開始。從發現日常生活中的興趣、行為模式，到工作、伴侶等等，就像擁有34-20通道的人在被詢問前不知道自己該忙碌什麼，10-34的設計在被詢問前也不知道自己的信念，正確的回應可以讓10-34越來越了解自己，這是在生活之中、在集體的洪流之中一步步探索出自我。

擁有10-34通道的人不僅可以在每一次的回應之中愛自己，同時也能使他人獲得「堅定自己信念」的個體力量。但要特別注意的是，「遵從自己的信念」，不代表你要說服他人接受你的想法、干擾他人，如此一來，才會真正賦予他人力量。因為每一個個體都是獨一無二的，每一個人的自我行為皆有所不同，這也是有定義的 G 中心健康運作的模樣：在未受到邀請之前不會試圖指引他人。

51-25 啟動的通道：
需要成為第一的設計

冒險犯難的勇者

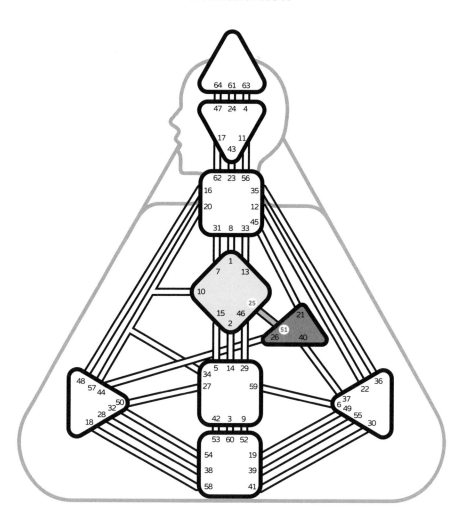

51號閘門，衝擊的閘門 (The Gate of Shock)

| 意志力中心｜震卦 (Arousing)
對混亂和衝擊做出反應的能力，通過識別和適應來實現

「你好大膽」這句話對著51號閘門說就對了。意志力中心也有人翻譯成心臟中心，因為它對應的生理結構包括了我們的心肌（21號閘門）、胃（40號閘門）、T細胞與胸腺（26號閘門），以及膽囊（51號閘門）。

意志力中心的四個閘門中，只有51號閘門不屬於自我迴路（Ego Circuit）[1]，也不屬於部落（Tribe）[2]的一部分，這是一個動力中心，而51號閘門展現出來的動能就是「競爭」。

這樣的驅動力不但使得51號閘門走在他人前面，更是推著他們跳入「虛空」之中，這就是「前無古人」可能會面對到的狀況：**未知的前方唯有一片空無**。無論我們稱其為「勇敢過人」還是「有勇無謀」，51號閘門面對的都是驚嚇。

不要忘記自我（Ego）的動能運作表現在意志力（will power）之上，51號閘門有著相對強大的意志力，是武士（warrior）的閘門，這裡的意志力會準備好對混亂和衝擊做出回應。

---

1 詳細請見第六章。
2 詳細請見第三部。

然而，武士身上都帶著傷，51號閘門會在衝擊中受傷、在受傷中累積經驗值。這意味著51對衝擊的適應，來自於前一次的經驗累積，而且在生理與心理層面都需要時間來休息與恢復。這個閘門就像在RPG遊戲中使用的「近距離攻擊」角色，近戰角色的防禦力強、血量高，但是如果沒有人幫忙補血，再強的意志力都不夠用。

　　意志力中心與「我」（I）這個概念有很深的連結，但因為這個閘門不是為了部落服務，兩者運作的概念並不相同，部落的「我」，說的是「我為了部落工作、我為了部落銷售、我為了部落控制」，而51號閘門在此說的是「**我做這件事情是為了我自己**」。

　　武士跳入戰鬥並非為了勝利，他們不是為了某事而戰，這裡是純粹的動力，但僅僅是短期的能量，更需要適當的休息、正確的投入，尤其當51號閘門是位於沒有定義的意志力中心的休眠閘門[3]時，更應該要回到自己的類型策略與權威。

25號閘門，自我靈性的閘門
（The Gate of the Spirit of the Self）

> G 中心｜無妄卦（Innocence）
> 透過不造作和自然且自發的本質來完善行動

　　25號閘門是純真（innocence）的閘門，純真必須要受到考驗才叫

純真，就像半夜沒有人車的路口依然會遵守交通規則一樣。受到51號閘門驅動的25號閘門，盲目地跳入虛空、充滿競爭的能量之中，就像《哈利波特》火盃的考驗，在各種競爭的條件下，真正純真的靈魂將被檢驗出來。

純真的靈魂接受著51號閘門的衝擊，與51號閘門一樣傷痕累累，如果我們把51號閘門比喻為遊戲裡防禦高、血量高的近戰士，那麼，25號閘門就是遠距補生命值、補技能點的法師。因此，他們不但是薩滿（Shaman）、祭司（Priest），更是靈性武士（Spiritual Warrior）。

如同前面提過的，G中心當中，有四個與愛相關的閘門（46、15、10、25），其中，10號是愛自己的閘門，聚焦於個體的獨特性與正確的行為。25號閘門生理上則對應到我們的血液，它所代表的愛，是一種普世之愛，是個極為冷靜、冰冷的愛，因為它接納宇宙有生命、無生命的一切，從其他星球到路邊的石頭，它認為所有的花草樹木、至親與寵物，在本質上是沒有差別的，這是「對萬物平等」的愛。

46號與15號閘門屬於集體迴路，分別代表對身體的愛、對人類的愛。對身體的愛是指接受與臣服，投降於生命——接受身體的本質、臣服於一切所帶來的負擔，這裡乘載了各式的體驗，是帶領我們人生向前邁進的車輛。

---

3 沒有接通為通道的閘門皆為懸掛閘門，可分為在有定義的中心裡的啟動閘門（active gate），以及在無定義的中心裡的休眠閘門（dormant gate）。

集體的愛，所產生的並非愛的巨大集合體，而是世界上的所有獨立的個體都真切地活出自己。46與25號閘門相對、15與10號閘門相對，因為我們是獨立的個體，而每個人正確運作所集合而成的體驗，才會是集體追求的愛，這也是回歸中央迴路的重要工作。

個體的愛，是接受自己的本質。25號閘門與10號閘門的主要潛能，在於將「個體行為」、「做自己的本質」定位、聚焦置中，讓個體擁有正確的行為、帶著天真與純粹，將受到的衝擊轉化為愛，並藉由51-25通道將愛帶入部落。

「想成為第一」的動能

「需要成為第一」，反映出51-25通道是個追求競爭的設計。然而，我們也已經知道，在個體的世界裡沒有比較級[4]，只有在集體之中才有「最好」。因此，對擁有51-25通道的人來說，成為第一只是某種動能，就像在考試的時候，第一個交卷也是第一名，誰說必須是分數上的第一呢？

如上述，這樣的驅動力是一種生命動能，他們永遠都在「啟動」、「發起」某些事情。但因為迴路是彼此串連的概念，回歸中央迴路的另一條通道是10-34，是個生產者的設計，同樣地，51-25所啟動的，不是主動發起一些自己想做的事，而是對生活中的大小事情所做出的回應（something you respond to）。

在這當中，51-25與10-34的差別在於，後者（生產者）需要被詢問，在正確的回應下行動，此時的行為都是完美的，讓他們足以堅定自己的信念。然而，51-25是一條投射者通道，不是真正的生產者，因此需要被辨識出來、必須被邀請。這樣的邀請是「被邀請對生命做出回應」：不受外界干擾地成為自己。

「不被干擾」是所有個體設計的重要關鍵，因為個體的存在均擁有突變的潛能，突變出的新方向或新事物，在一開始都不被集體所接受，甚至會被加以干預，因此，對每一個擁有個體設計的人來說，「我不犯人，人不犯我」，可能會是他們最希望貼在房門口的對聯。

等待邀請，事情才會真正發生

如同前面提過的，突變無法控制，包括時間和方向，即便最後的成果極大地影響了集體，這也不是我們的心智可以決定的。對於51-25通道而言也是如此，他們並非能夠靠意識來發起任何事情，這股生命的動能最終還是要臣服於生命本身，接受一切發生在脈衝之中。

簡單來說，擁有51-25通道的人存在著「衝第一」的動能，但是這樣的動能並沒有察覺的意識作為指引，最好的方法，就是在每一刻都依循自己的策略和權威行動，回應生命帶來的每一件事情，你們所啟動的

---

4 參見〈1-8啟發的通道〉231頁。

動能，將開啟一段個體突變的旅程，但是如何開始以及突變結果從來不在心智的掌握中。

51-25是創造力通道，為這個迴路的整體特質發聲。我們可以知道最具創造力的，就是「透過依循自己的策略和權威，等待被邀請來啟動，讓事情發生」——這就是啟動的藝術——成為自己。

這是一輩子的冒險過程，「成為自己」只是一個開始，這也是為什麼我將這條通道稱為「啟動」而非發起，這股生命動能會讓你在每一刻堅定地「成為自己」，對於人生中發生的大小事做出回應後，再開始一段旅程。就像開幕典禮一樣，剪綵後才正式啟用。

當這條通道向「成為自己」聚焦靠攏（centered），生命中將持續地會有「啟動」的邀請到來。這是一個薩滿／祭司的設計，薩滿和祭司一直都是靈性的傳道者，這些啟動的能量會透過他們傳遞出去，而非他們本人所發起。比方說，平時喜歡在 IG 上發表插畫作品的小安，就自然接到了文博會的邀約，吸引許多讀者前來攤位排隊購買。

因此，我們可以知道，這條通道的核心關鍵，是等待生命的邀請。

第三部

部落迴路群
TRIBAL CIRCUITRY

自我迴路
防護迴路

57

57

28

自我迴路

Ego Circuit

簡介：
關於部落、家族、支持、資源

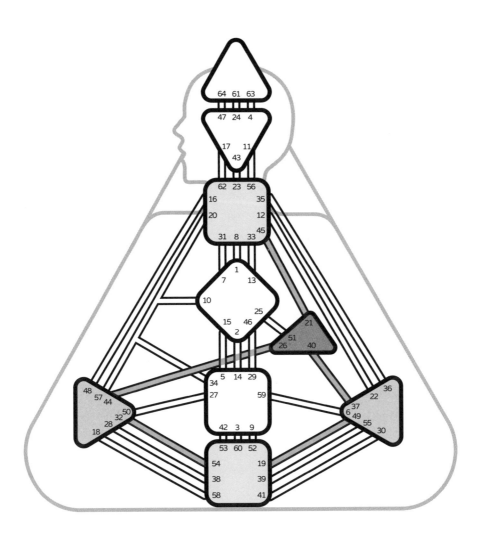

部落迴路群（Tribal Circuitry）由兩個迴路所組成，包含：自我迴路（Ego Circuit），以及一個小型迴路——防護迴路（Defense Circuit）。

提到部落、家族，大家會聯想到什麼呢？可能是溫暖的擁抱、大大的笑容，許多人聚在一起吃吃喝喝，就像傳統過年團聚的場景裡，大人們忙進忙出，孩子們嘻笑玩鬧，向長輩拜年後可以拿到紅包，但其實都是交給媽媽保管，大人之間也會彼此說好要包多少金額。

當然，也會有如同八點檔鄉土劇的劇情一般，上演各種吵架戲碼，有些人甚至會大打出手，無論是出於手足間的嫌隙、親子之間的摩擦、伴侶間互相不諒解，還是妯娌或婆媳之間的戰爭，家庭裡總是交織著愛恨與糾葛。

而關於部落、家族，無論是和樂融融的場景，或劍拔弩張的氣氛，這一切的核心關鍵都是：支持（support）、資源（resource）。

部落環繞著我們的意志力中心，維持家庭就像在經營一個中小企業，每天睜開眼就是「柴米油鹽醬醋茶」，不停思考資源要怎麼獲得？如何分配？甚至是該怎麼花費？必須賺取資源，才能支持家族的生存和成長，因此，資源只能分配給家族支持的人以及支持家族的人，而且資源要用在支持家族的茁壯、擴張——這就是部落所環繞的主題。但同時也是意志力中心的課題：如何在工作和休息之間取得平衡？

部落也是唯一具備「**占有慾**」的迴路群:「你支持我,因為你是我的;你資源分配給我,因為你是我的」等等,這是部落資源與支持底層的意涵,而他們以「嗅覺」與「觸覺」來分辨、建立關係,部落裡沒有邏輯、也並非涉及分享,因此,部落迴路事實上只與真正親近的人接觸與來往,具有封閉性與排他性。

　　要提醒大家的是,每一個人的設計都是綜合了各種迴路,在此,也可以看到部落的黏著性遇上了個體設計的拉扯,或是集體和部落的隔閡。部落需要新血,所以部落在一開始總會接納具有突變特質的個體,但是在個體的突變成為集體的體驗和規則後,部落可能會反過來抗拒,以捍衛自己家族的利益。畢竟,這裡環繞的核心關鍵是代表了**物質世界**的意志力中心。

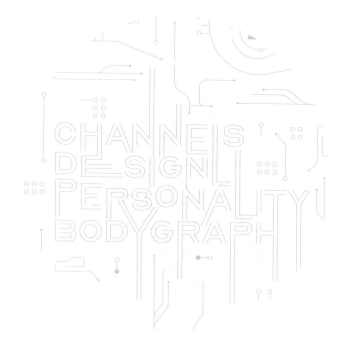

CHANNELS
DESIGN
PERSONALITY
BODYGRAPHY

54-32 轉變的通道：
奮發向上的設計

＃拚命三郎

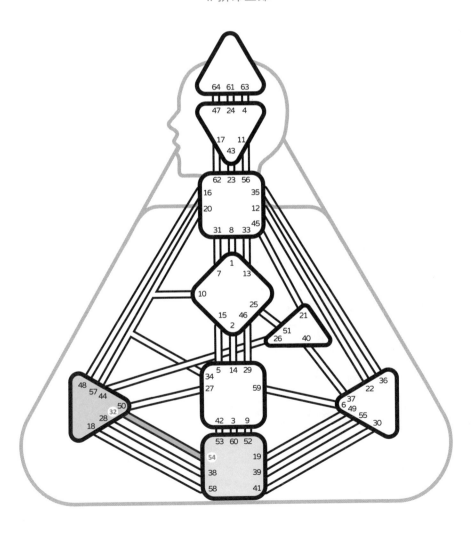

54號閘門，野心的閘門 (The Gate of Ambition)

> 根部中心｜歸妹卦（Marrying Maiden）
> 互動在其世俗社會的背景下發生，同時也涵蓋了個人的神秘和宇宙關係。

　　大家看過知名連續劇《後宮甄嬛傳》嗎？這裡就是二次回宮後的甄嬛，為了保存家族血脈、為了資源、為了生存而奮力往上爬。也可以想像成鄉土劇中董事長的小老婆，為了讓自己的孩子得到更多資源，成為最能幹的地下夫人，不但要跟董事長調情，還得爭取更多的資源，有一天才能取代正宮。54號閘門的目標，就是自我迴路的終點45號閘門，國王與皇后的閘門（請參見292頁）。

　　54號閘門可以說是根部中心最世俗、也最不世俗的閘門，首先，這個閘門所具備的驅動力，是驅使它「**在物質世界取得成功**」，也因此被稱為野心的閘門。我們很容易將野心誤認為負面的詞彙，但這是在部落中必備的要素，部落的領袖必須來自於部落中被培養出來的人才。

　　它同時也是最不世俗的閘門，有時候除非掌握了在物質世界生存下去的本能，才有可能**達到靈性與精神層次的轉化與改變**，在沒人看見的山上開悟也許容易，但在世俗世界中在每一刻呼吸裡保持覺知，那又是另外一回事。54號往往是出錢建造廟宇、教堂、慈善機構與學校的召集人，誰說在世俗的物質世界裡，不會有崇高的靈性經驗呢？

　　直覺／脾中心有三種察覺能量流，從54號閘門開始的則屬於「本能

力的覺察能量流」（instinct stream），在這裡的本能，是我們記憶的開始，而54號閘門記住的是「成功」與「勝利」。

我們容易認為野心、成功等等，是個人的追求，但不要忘了這裡是部落迴路，這股強大的驅動力是為了「支持」，我支持你、你支持我，這也是為什麼54號永遠在尋找夥伴，尋找讓自己被認可、被辨識，彼此互相支持、向上爬升的同盟。

32號閘門，連續的閘門（The Gate of Continuity）

> 直覺／脾中心｜恆卦（Duration）
> 唯一不變的是改變

本能力的察覺能量流從54號閘門開始，轉化並儲存本能記憶，是為了讓部落實現物質上的成功，與之不同的是，32號閘門所記憶的是「失敗」的經驗。

這裡有著對於失敗的恐懼，其背後是出於害怕「資源不足」，這不是關乎於個人，而是對於部落能否延續下去的警覺。

延續部落不僅僅需要考量物質，除了金錢以外，人力也是一種資源，因此，在部落這個「中小企業」裡，32號閘門除了是財務經理之外，也是我們的人力招募、教育訓練單位，**恐懼著沒有好的人才**，或是沒有人願意為了部落的存續而全力以赴。

因此，這也是最保守、最右派的閘門，擁有32號閘門的人會堅持用傳統技法、手工製作藝術品的人，他們也是最優柔寡斷的閘門，因為透過「連續性」、藉由保持不變的事物，可以看見世界持續在變化，這樣的變化是一個完整的結構，可以讓部落持續地成功。

想像一條10公分的線，可以無限分割成更小單位，每一條線其實是由無數的點所構成，這就是上述所說的連續性，而32號閘門在每一個點，也就是每個當下，都會本能地喚醒記憶，做出對部落最有利的防禦，也就是**不輕易接受無法成功的改變**。而其察覺的潛力在於，在當下看見某個變動對於整體結構有成功的可能，就是他們擁抱改變的瞬間。

吃得苦中苦，方為人上人

「麻雀變鳳凰」也許是54-32通道的最佳寫照。

為了確保整個部落物質上的成功，這股驅動的力量比誰都認真，是標準的「工作狂」（workaholic），但這並非一個生產者的設計，這裡的動能不是來自工作能量的薦骨，驅動著他們成為工作狂的，**是想要成功的野心，與害怕失敗的恐懼**。

意志力中心的運作環繞著整個物質世界是否成功，以及在工作與休息之間取得平衡，但是54-32通道是從根部中心出發，並沒有直接連結到意志力中心，在壓力的驅動與需要被認可的前提下，他們時常會失去

生活的平衡，曾有大老闆對員工說「尿不夠黃就是不夠認真」，導致擁有這條通道的人經常處在焦慮、緊繃、身心失調的壓力之下。

由此可見，飛上枝頭變鳳凰並不是一蹴可幾的事情，因此54-32比任何人都認真，比任何人都警覺，同時也承受著「只許成功不許失敗」的龐大壓力。

但這樣的努力並不是靠自己可以獨立完成的，這裡屬於部落迴路，意味著54-32永遠在尋找人才，而且是可以讓部落變強大的人才，許多企業在培養儲備幹部時，培訓完後必須要任職幾年時間、訂定競業條款，因為這些都是有助於部落生存、擴張的措施。**支持的背後有附帶的條件**：我幫助你、你幫助我，我支持你的成長，你支持我的擴張。

衡量付出的努力與獲得的回報

這裡象徵著資本主義的建立，也是中小企業的開端。如同前面所提到，因為這條通道缺乏與自我的直接連結，54-32容易淪為工業革命初期一天工作16小時的勞工，不但會因為賺到的錢與付出的勞力不成正比而暴動，更會由於沒有被辨識出自己的才能，認為只是被利用來產出成果而感到苦澀。

除了腎上腺素的驅動，另一個讓54-32成為工作狂的原因，是因為這是一條投射者的通道，需要被認可、被辨識出來，他們的價值必須被公平且正確地評估，並且被接納到部落裡，當54-32被邀請時，他們會

開始「吸收讀取」（absorbing）、在成功的驅動力下向著枝頭攀爬而上，轉變自己的身心狀態不斷前進，在未達到國王或皇后（45號閘門）前都不懂得休息。

關鍵在於「被辨識出自己的價值」，當54-32被辨識出來，他們往往具有掌控財務、管理他人的能力，不但自己的地位提升了，同時也會照顧其他部落裡的人力，讓每個人都更加成長、為部落付出更多貢獻。

因此，他們也像是村裡的員外，為了物質上的豐足而慈善佈施、造橋鋪路，當然，第一個先建造的往往是信仰中心。並不只是單純為了提供資金援助而已，而是透過這些建設，讓整個部落有更多的工作機會、餵飽更多的成員。

特別提醒一下，如果缺乏覺察自己的能力，掌控財務的方式將變成「只進不出」，人力資源管理也只是為了培養更多工具，而非真正地在資源、成長上彼此支持，也失去了對部落來說最重要的「忠誠」。

同時，擁有這條通道的人，在進入任何關係，包括工作、感情、人際關係，都需要正確地回到自己的策略與權威，因為所有的一切都關乎於能量，請記得思考一下，自己付出和回報的能量能夠互相平衡嗎？這條通道是非常認真工作的設計，你的努力有付出在正確的地方嗎？

在等待被辨識出來、被邀請之前，不妨多多活動一下身體吧！鍛鍊身體是這條通道不可或缺的一部分呢。

26-44 投降的通道：
訊息傳遞者的設計

懂得借力使力的業務員

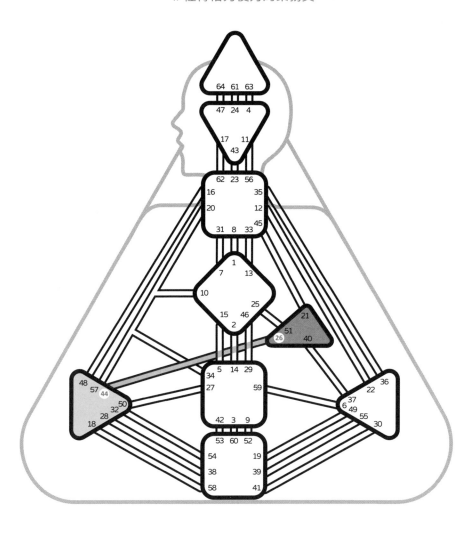

26號閘門，自我主義者的閘門 （The Gate of Egotist）

> 意志力中心｜大畜卦（The Taming Power of the Great）
> 將記憶力的最大化應用於延續的培育。

　　如同前面提過的，意志力中心與物質世界息息相關，因此整個自我迴路在這個面向的關鍵核心都圍繞著「獲得資源、分配資源、花費資源」，但這個能量中心的動能表現模式為「意志力」，而非工作的動能，因此，在追尋物質成功的路上，需要找到工作與休息的平衡。

　　當我們來到26號閘門，這裡跟它的鏡像閘門40號相同，也是「拒絕」的閘門，這讓26號閘門必須獲得充足的休息。然而，部落仍然需要資源，所以26號作為自我（Ego）的傳遞者，它會以「**施展最小力氣來獲得最大成果**」的方式，來傳遞部落的力量。

　　因此，26號閘門可以說是部落裡的業務代表，它銷售的是部落的力量，這裡又被稱為「誇大的」閘門，就像運用了誇飾法一樣，將想要表達的部分放大。誇飾與誇大對部落來說很重要，無論是「最好的」、「最大的」、「最強的」，它賣給你的是廣告台詞裡美好的那一面。

　　乘載記憶的本能力察覺能量流，經過了恐懼失敗（32號閘門）、恐懼過去（44號閘門），來到26號閘門，26深知如果要讓部落的野心實現、維持部落的延續，記憶必須要被操控（be manipulated），這並非負面的意涵，而是一個機械式的運作，**為了部落的擴張，它用誇大的**

方式將部落的需求賣給他人，嘴上說著：「這絕對是你一生中買過最好的商品。」

在生理上，26號閘門對應的是胸腺（Thymus Gland），是我們重要的免疫器官之一，同時也是 T 細胞的產生地。T 細胞是對抗外來病菌的士兵，同樣地，26號閘門就如同我們部落的傭兵，總會為了部落的存亡挺身而出。

拖累部落、使部落無法在資本主義中生存的，就是沒有競爭力的商品，身為部落中最重要的銷售員，26號閘門在此不斷推出「最新、最好、最大、最強」的商品，說服剛剛才買下前一個版本的你，說：「忘記前一個版本吧，部落需要這個酷東西。」打完這通電話，26號閘門就要準備去休息了。

44號閘門，警覺的閘門（The Gate of Continuity）

| 直覺／脾中心 | 姤卦（Coming to Meet）
任何互動的成功基於沒有任何預設條件的存在

承載記憶的本能力察覺能量流，從54號閘門的野心出發，透過轉變的通道記住了「成功與失敗」的經驗，這些記憶會儲存在44號閘門。需要補充說明的是，這樣的本能記憶都不是透過「回想」出來的，而是在當下為了生存所需的「自發性」記憶。

54號和26號都是機械化的運作，在這股攸關部落物質生存與發展的能量流中，真正有覺察能力的是位於直覺／脾中心的32號與44號閘門。32號閘門在變動中維持連續性，也在連續性中看見變動的可能，辨識出能夠轉變（transformation）的可能性。

　　而44號將轉變的潛力儲存為記憶，在求存的當下自發性、本能地喚醒記憶，並用來操控通道另一側的26號閘門。44號閘門的操控記憶指的是控制自我的能力：切換成「保護與戰鬥的防禦模式」還是「販賣和行銷的銷售模式」。嚴格來說，44號深知無法完全控制（control）自我，所以只能操控（manipulate）它。

　　無論是防禦模式還是銷售模式，兩者皆為44號閘門對於自我的支持、讓部落有更好的擴張機會、賺取更多的資源。

　　44號閘門帶著恐懼，代表「恐懼過去」，這是一種對生存的警覺，可以溯源到爬蟲類動物對於滅絕的恐懼。從擔心滅絕所延伸而來，44號閘門對生存的恐懼讓他們害怕著過去，因此，一旦察覺到無法生存、出現與其他部落的競爭，則會啟動防禦模式，他們會誇大生存的危機，以便爭取更多的資源與支持。

　　進一步來說，44號會將32號閘門所察覺到「不會失敗、可以放行的轉變」，儲存為可使用的記憶，讓具有動能的26號閘門加以銷售，以推動部落的資源擴張。用個譬喻來解釋，就像是業務單位在得到財務主管的同意後，增加業務單位的銷售獎金、行銷預算，讓公司搶得先機推

出最新的商品。

44號閘門在生理上除了對應免疫系統的 B 細胞以外，也與嗅覺深刻連結，總是可以嗅出一絲不對勁的，就屬這個閘門了，雖然說是嗅覺，但它與最在意味道的21號閘門（請參見291頁）不同，**44號閘門的嗅覺是一種警告系統：警告部落、自我，並且以正確的方式，對正確的關係、正確的互動做出回應。**

承接32號閘門的44號閘門，在中小企業裡，可以說是擔任著人力資源主管的角色，對他而言，正確的關係至關重要，但是正確的關係必須要在「**不帶預設立場**」的方式下進行。44號與它的鏡像閘門37號（請參見283頁）極為不同，關係在建立之後才會有框架，而非帶著框架建立關係。

工作的目的就是不要工作

26號閘門在生理上對應到胸腺，是我們免疫系統的基礎，它生成了重要的免疫細胞 T 細胞，而44號閘門則是對應 B 細胞，當兩者連結成為生命動能時，可以理解26-44是維持人類健康快樂（well-being）非常重要的一條通道。

而健康快樂的方法就是「**在物質世界裡取得成功**」。

首先，對部落來說，一切都跟金錢有關，舉凡：有沒有辦法餵飽家

裡每一個人、下個月的房租從哪裡來、孩子的補習費有沒有著落、帳單是否繳得出來？面對這些血淋淋的現實，部落在直覺／脾中心的這一側（54-32、26-44），象徵著資本主義的運作，因此，支持部落最好的方式，就是賺進更多的資源。

在54-32通道我們看到了被壓力驅動的工作狂，被辨識出來後為了部落利益拋頭顱、灑熱血，只怕自己不夠努力。但是當我們來到了26-44通道，畫風就從苦幹實幹的70年代楠梓加工出口區，轉眼來到了西班牙。

網路上給了西班牙一個帶有刻板印象的玩笑話：如果看到一家店公告早上10點開始營業，你10點到門口，店家還沒有開門；如果他公告下午2點休息，還沒有2點他就已經準備休息了。

這就是26-44的設計，**不會做超過他們有意願要做的事**。當你辨識出26-44的才能，他們會做完他們認為該做的，其他時間就要準備休息了，這是直覺／脾中心與意志力中心之間完美的平衡，畢竟「休息就是休息，不是為了走更長遠的路」。

休息，是意志力中心很重要的概念，當他們懂得休息，就有天賦把事情壓縮在特定的時間內完成，跟一天工作超過八小時的54-32相比，26-44就像是在高爾夫球場與大老闆打高爾夫球的業務員，用最輕鬆簡單的方式獲得資源，把他們放在辦公室裡只是無謂地消耗，卻沒有更高的產出。

說得一口好生意

　　最基本的供需法則是：「我有你想要的東西，所以付錢買吧！因為我賣給你的是最好的，付多一點的錢也很合理吧！」雖然聽起來冷血無情，但事實上這背後都是彼此互相支持的：這些訂單讓工廠的工人可以有收入來養家餬口。

　　這就是**傳遞者（transmitter）的力量，他們對於部落有非常大的影響力。**部落的成員彼此互相扶持，就像當你開始了一門生意，第一件事情就是打電話給部落裡的成員：「小阿姨嗎？好久不見了，我現在開始了一門生意，想要找一天去拜訪妳！這絕對是我用過最棒的商品，當然也會給妳最划算的價格！」

　　然而，部落不能只靠自己人循環消費，部落必須要成長與擴張。因此，這條通道正是自我迴路的「創造力通道」，部落的創造力目的在於為部落服務，帶來生產力和價值，也就是立即性的利益。這是一門「做生意的藝術」（the art of business）。

不斷推陳出新，以創造實際的收益

　　部落的本質是保守的，創造力通道在於說服部落接受「新商品」時，除非能說服部落「需要」新商品，否則部落可不會買單，你必須說：「雖然去年你已經向我們購入了手機，但今年我們又推出了最新型號，

它有更快、更強大的功能。」

26-44的創造力不是從無到有、重新開始，而是不斷地更新、取代。他們不是來成為獨一無二的藝術家，部落的藝術是將新商品、新標準傳遞出去，讓自己的部落更加茁壯，也就是向他人說著：「準備好接受我們最新的商品了嗎？」

投降的通道就是這個意思——對「自我」（ego）投降。部落的創造力是為了在部落發揮作用，也就是創造出實際的物質收入，而非要求部落欣賞自己的作品。

部落的創造力只有在商業上有效，集體迴路的藝術家在意的不是錢，但他們需要有人贊助；個體迴路的藝術家重視的也不是錢，而是追尋自己的過程。但部落迴路的創造力，在高回報的時候才會發揮出最佳的效果，這就是我們現在看到大量的商業廣告。如果你有一個接通26-44的孩子，你需要獎勵他的創造力，告訴他：「幫家裡壞掉的佈告欄重新設計一下，我會給你應得的零用錢。」

深植在26-44當中對過去的恐懼，是一種停滯不前的恐懼，如果無法持續銷售新商品，就付不出帳單，在惡性循環之下將導致整體經濟瀕臨崩盤，所以忘記去年買的舊型號，買下這個最新、最好的新手機吧，對所有人都有好處。

19-49 綜合的通道：
敏感的設計

\# 江湖在走，規矩要有

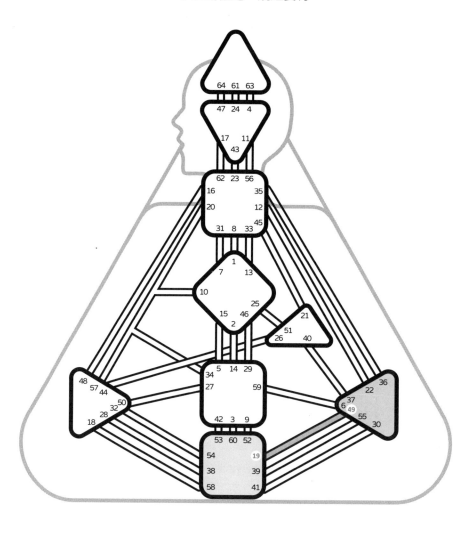

19號閘門，缺乏的閘門 (The Gate of Wanting)

根部中心｜臨卦（Approach）
所有事物相互關聯，並透過彼此靠近，更加顯著並體現

因為缺乏（wanting），所以想要（want），這裡是我們的部落最基本的需求：尋找部落所需要的資源。

這是對資源敏感的設計，19號閘門就像工蟻一樣，負責覓食、住所、偵查、照顧蟻后。19號閘門有著對於尋求資源極深的壓力，包括食物、住所、保護、情感的連結。

所有的一切都是互相關連的，如果部落裡的資源充足，人們就可以安居樂業。就像馬斯洛（A. Maslow）的需求理論，要追求超越個人的靈性之前，需要先滿足最基本的生理需求。一旦各方面的需求都可以滿足，將會促成一個和平的世界。

食物，是部落裡最基本的需求，這是一種支持的力量。有19號閘門的人，家裡的冰箱應該要裝滿食物，因為這代表了資源的充足，以免你的情緒過度敏感。

不單單只有食物等基本資源，19號閘門也在追求領土與住所、可以共同分擔資源壓力的合作夥伴，部落內的情感就像膠水般黏膩，不同於直覺／脾中心的一側以嗅覺為主，連結情緒中心的19號閘門，**觸覺則是它啟動情感面覺察的基礎**。而19號閘門在感情上也是調情的閘門，

以調情的方式找到正確的伴侶，能量會衝向通道另一側，也就是：可以成家立業、建立正確原則的49號閘門。

「所有的一切都是互相關連的」，必須要強調這點的原因是，當基礎的資源被滿足，這股腎上腺素的壓力就會促使你開始追求靈性，19號閘門也是宗教的起源，信仰與宗教就像是膠水，藉由各種集會、儀式將部落裡的每一個人連結在一起。

49號閘門，原則的閘門 (The Gate of Principle)

直覺／脾中心｜革卦 (Revolution)
理想上，形式的轉變應基於最崇高的原則，而不僅僅是為了權力

19號閘門尋找部落所需要的資源，49號閘門負責制定分配資源的原則。在這個閘門開始出現了對食物的區辨，像是：何時可以提供食物？提供什麼樣的食物？而部落成員要如何獲得這些食物？

食物可以延伸**泛指為所有的資源**，包含：錢要怎麼分配？關懷要怎麼分配？時間如何分配？部落的核心關鍵字是支持，而49號閘門在其中代表了「服從」，當原則不被支持、沒有被服從，情緒浪潮將跌宕起伏，慢慢累積，直到有一天爆發「革命」。

之所以產生革命，是因為49號閘門情緒的潛能在於分辨出維護、組織部落和社群所需的資源，以及整合資源需要什麼，或者進一步來說，

需要誰。但部落的原則是建立在情緒動能之上的，「需要或不需要」、「革命或維持」，都在情緒的波動之中變化，為你帶來喜悅或是痛苦。

49號底層最深的恐懼是「自然」（nature），指的是物競天擇下的自然競爭與淘汰、以及對不可預測性的恐懼。對於物競天擇的恐懼，人類進化史中的第一次革命就在於控制其他物種，19-49是跨物種的通道，49號閘門是馴化哺乳類動物的閘門，是對動物崇拜（萬物皆有靈）的閘門，也是屠夫的閘門。

三個指向根部中心的閘門（49、55、30）都有著對不可預測性的恐懼，49號閘門開啟了以動物獻祭的宗教儀式，其底層是對於神靈、對未知的恐懼：因為恐懼而願意「犧牲獻祭」，就像亞伯拉罕向上帝獻祭自己唯一的兒子。

在人際相處上需要時間磨合

台語金曲《家後》，刻畫出了19-49這條通道的光景。想像一個愛情故事裡，19號閘門尋找資源也尋覓著「適合成家的對象」，在一次朋友的聚會場合中，大家吃吃喝喝，酒足飯飽之際，三三兩兩地圍坐著聊天，19號閘門相當欣賞對面的49號，兩人不但熱絡地談天，也會偶然在無意間發生一些肢體接觸，像是幫忙倒飲料、互相夾菜、拍肩膀道晚安的時候。

對於又被稱為婚姻／離婚閘門的49號而言，當兩人確定建立關係

之後，彼此的連結就必須有適當的原則，這樣的原則是關於「**食物與資源的分配、愛與忠誠**」。因此，對於擁有19-49這條通道的人來說，他們能量所著眼之處便是「部落資源的保留與獲取、領土與住所的捍衛」。

這是對部落的支持，也就是讓部落得以延續下去的方法，而首要任務就是：餵飽家族裡的每一個人。當部落沒有充足的食物，部落的忠誠就會瓦解，家族間的黏著度也會隨之消失。

部落迴路分辨是否為自己人的方式是「氣味與肢體觸碰」，在19-49之中我們開始「牽手」。不但被用來作為伴侶在交往初期的愛慕表現，更象徵著傳統婚姻中的另一半，背後代表「沒有人可以從雙手中間介入」，這是部落的愛與忠誠。

這是一條投射者的設計，建立關係的邀請來自於對彼此的「辨識與認可」，但被邀請並不代表絕對正確，「被邀請進入一段關係」只是第一步驟。

當我們來到了19-49情緒中心這一側，一切都在情緒浪潮之中起伏，這條通道在正確關係的第二步驟，是需要彼此長時間的相處與磨合，雙方都經歷過情緒動能的週期，在情緒的澄澈之中，才能真正地接受彼此的原則。

對於家庭生計的龐大貢獻

19-49和 54-32兩條通道比任何人都還要努力工作，在直覺／脾中心這一側的54-32是右派資本主義的設計，在能力被辨識出來之後能夠轉變、在事業上取得成功；而在情緒中心這一側的19-49則是左派社會主義的設計，被辨識出來為家庭而努力，因為家庭就是他們的事業，他們被辨識出來的，是在家庭領域內的能力。

需要特別注意的是，19-49有著極大的壓力在「家庭工作」上，這個工作是為了「婚姻與人際連結」建立基礎，這股敏感的察覺能量流（stream of sensitivity）從根部中心出發，對資源敏感、對忠誠敏感，如果沒有經歷過正確的邀請、情緒週期的體會與覺察，將帶著極大的壓力「過度工作」。

維持家庭是極為勞累的工作，需要顧及各個面向，包括資源的獲得、資源的維持與分配、情緒的撫慰、忠誠的維繫、生育下一代、家族成員之間的緊密連結等等。

不過，僅僅靠著「壓力的驅動」或是「努力」是無法維持家庭的，當關係沒有正確的開始，漸漸地，你便會感到精疲力盡，難以一肩扛起眼前的工作，久而久之原則便無法維持下去，最後，婚姻就可能會走向「離婚」。

未來世界的關係變化

由「計畫輪迴交叉[1]」（the Cross of Planning）中，37-40所建立的整體世界舞台的背景頻率，在1961年進入了最後一個階段，傳統的婚姻協議的不可行之處漸漸浮現出來，時至今日，有許多已開發國家的離婚率越來越高，大家對於「愛、忠誠、尊重與服從」的看法，也有了明顯的世代差異，準備進入下一個世代的我們，正在從這樣的集體制約中掙脫[2]。

不僅僅是55號閘門，49號閘門也是未來世代突變的其中一個閘門，19號與49號的連結即將斷開，所帶來影響的不只是家庭與婚姻，還會波及到我們與哺乳類動物之間的關係，未來世代的新人類，將不會更無法以同樣的方式與哺乳類生物聯繫，包含人類與寵物之間的關係也會有所改變。

這樣的斷開，可以從幾十年來的轉變看出端倪，非因宗教因素而倡議素食或蔬食主義者越來越多，傳統中以「獻祭動物」作為家族榮耀的習俗，像是中元節的神豬祭祀，也開始出現檢討的聲浪。部落中敬畏神靈的能量，逐漸轉換為**對個人靈性成長的追求**。

即便我們看見傳統的三代同堂家庭越來越少、離婚率逐步升高，過去生越多孩子越好、成員們可以協助分擔家庭責任、獲取更多資源的景象不再，但是已經擁有19-49通道的你，並不會因為2027年的到來而改變生命動能的運作：你的情緒動能依然有著週期性。

當擁有這條通道的你，被辨識出經營家庭的能力，「結婚前先同居」也許是一個好主意，在情緒週期的浪潮中相處，而不是對自己的情緒波動揚長避短，在做出承諾之前體會情緒上的澄澈。

---

1 輪迴交叉，來自占了我們個性與設計上70%的太陽／地球四個閘門，以及人生角色作為背景主題。
2 此處並非指個人層面，而是以輪迴交叉所帶來的特質作為整體世界的背景頻率，影響全球趨勢發展與轉變。它從1610年起左右著世界的變化，從家族、民族國家、契約協商、資本主義到科技發展都是，而這將在2027年結束，迎向下個世代。

37-40 社群的通道：
尋求更大的整體

＃喜歡抱抱，歡迎餵食

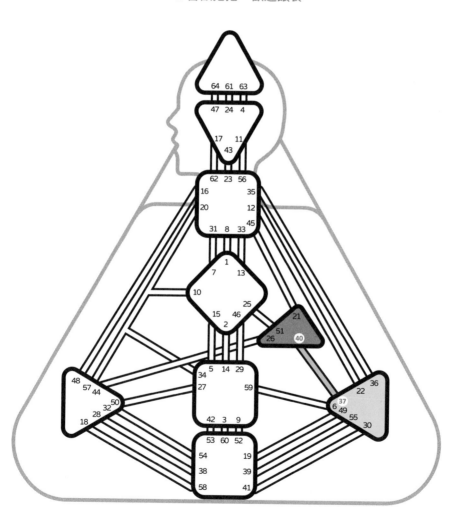

37號閘門，友誼的閘門 (The Gate of Friendship)

| 情緒中心 | 家人卦 (The Family)
  社群在宏觀和微觀上的自然機制體現

　　37號閘門與40號閘門在大輪軸的兩端，因此，不管是在「輪迴交叉」或是「月之南北交」，在我們的人體圖當中會以一對的方式同時出現，單獨擁有37號閘門或40號閘門的反而屬於少數，這意味著大部分擁有37號閘門的人，都有著固定運作的情緒動能週期。

　　這裡是一個情緒的設計，敏感的能量流（stream of sensitivity）從19-49通道一路來到了37-40，部落運作的核心是支持，37號閘門在此能量的展現是情感與愛慕（affection），這是關於「忠誠、人際連結與支持」的情感。

　　這樣的情感、愛慕，藉由「觸摸、擁抱」來表達。在部落裡，觸碰與擁抱絕對不是出於無來由的一時興起，部落的背後永遠有著程度不一、或大或小的交易與談判，藉由觸碰，37號閘門能覺察出對方是否可以提供自己必要的需求。

　　37號閘門尋找的是，通道另一側40號閘門所能夠提供的「資源與交易」，可以說包括生活中的一切事物，從工作、愛人、家庭到信仰，位於情緒中心的37號閘門，都將為身邊的人事物，提供他們所需要的溫暖關愛。

對部落的支持最基本的就是提供「食物」，37號閘門在生理上對應到「嘴巴」，提供食物就是一種關愛與連結，在部落底層運作的都是「協議」，在這裡37號閘門尋找、察覺的是，可以讓自己敞開感受的協議。

情緒中心的閘門都帶有恐懼，37號閘門恐懼的是「傳統」（tradition）。部落的一切設計都攸關於權利義務的分配、勞動的分配、資源的分配，這背後都有一定的「代價」，37號閘門清楚這所代表的**長期承諾以及情感上的付出**，是將整個部落維繫在一起的黏著劑。因此，37號閘門恐懼傳統卻離不開傳統，是非常保守的設計。

對37號閘門而言，當下絕非協議與感受的全貌，依照自己的類型策略，並等待情緒澄澈是減緩恐懼與情緒緊張、正確辨識感受的關鍵。

40號閘門，獨處的閘門（The Gate of Aloneness）

意志力中心｜解卦（Deliverance）
從掙扎到解放的轉折點

如果40號閘門會說話，那麼他說的就是「不要」。26號閘門與40號閘門都是「拒絕」的閘門，這不意味著他們永遠不會答應，但是先拒絕是內建在部落設計裡的一部分，其實他們內心所想的是：讓我們談個條件吧！

如同37號閘門提過的，單獨擁有40號閘門或37號閘門的人較為少

見，也就是說，大多數擁有40號閘門的人，也幾乎有著固定運作的情緒動能週期。

在情緒波動的影響下，40號閘門的「協議」在當下永遠是不完整的，協議可以理解為一種等價交換。在意志力中心的26號閘門與40號閘門互為鏡像閘門，它們會對「工作」提出談判。然而，這裡不是薦骨中心，位於意志力中心的40號閘門所運作的，是一個短期能量，因此，它的核心是在工作後取得休息的機會。

事實上，40號閘門是一個熱愛工作的閘門，但它必須要得到等價的回報，就如同37號閘門付出的情感需要得到承諾一樣，40號閘門所付出的資源與承諾，也需要受到情感的認可。

部落的工作與支持有關，當40號閘門的工作或付出得到了應有的回報，它便會給予支持，同時也會享受所得到的回報——來自情緒中心的報酬是溫暖的、愉悅與享受的。當40號閘門正確運作時，人類的工作（尤其指涉家庭）便開始有了享受與喜悅，否則只會換來滿滿的拒絕，像是：為什麼又是我洗碗？

釋放（deliverance），在語意上意味著從危急的情感、精神狀態中得到拯救，這不是一個負面的形容，反而具有積極向上、正面的意涵。「釋放」也帶有靈性上的意義，如同主禱文中「使我們脫離邪惡」，象徵一種靈性上的啟蒙。

如果從生理上來理解的話，與37號閘門相對，40號閘門對應到「胃」，胃不可能一天24小時總是被餵食，它有自己的運作時機，而在工作消化完之後總是需要休息，這樣才能**正確釋放自我的力量**。

40號閘門並不是被強大的意志所驅動，它需要打氣、需要認同，他是三個獨處的閘門之一（12、33、40），甚至並不喜歡社交，然而，40號閘門被部落期待提供資源，將家族的冰箱填滿，如果沒有公平、令人歡愉的協議，那麼，別急著付出，還是先休息吧！

你的付出都需要得到應有的回報

人類圖中有三組閘門與它的對向閘門，通常在太陽／地球、月之南北交中成對啟動而形成通道，因此，37-40社群的通道、34-20魅力的通道、43-23架構的通道，這些通道在全世界的人口中大量出現，也對集體社會產生了極大的影響。

其中，37-40社群的通道是計畫輪迴交叉的一部分，是自1610年以來的「世界舞台」，這代表了整體世界背後的頻率，舉凡支持、社群、資源、婚姻協議、合約條款都是。

不同於直覺／脾中心，情緒中心這一側的部落工作與家庭有密切的關係。26-44的討價還價是為了更多實質上的收入，而37-40的斡旋，更多的是建立在「情感」之上，像是：愛、尊重、包容、握手拍肩，和一頓豐盛的晚餐。

我們都聽過一句俗諺「免費的最貴」，因為那是說不清、還不完的人情債。37-40雖然重視交易與契約，但他們不喜歡談錢，因為「談錢傷感情」，但交易從來不是無償的，**37-40的付出，需要的是對方的認可，是備受愛戴、尊重與支持。**

與26-44的投資不同，26-44是標準的「親兄弟明算帳」；而37-40投資的是情感，是人與人的連結，所付出的是滿滿的愛與關懷。他們在意的是**合理的禮尚往來**，除非在情感上受到背叛，他們才會將每一次的付出的算得清清楚楚。

這條通道的本質是談判與協商，擁有這條通道的人必然是情緒權威，隨著情緒動能的週期起伏，每一個當下的斡旋與討價還價，都只是協議的其中一部分。

當這樣的協議成為整體世界的制約，卻沒有人理解協商的本質：「公平交易、對等付出」，就容易導致不滿的情緒持續地累積。

舉例來說，相信從小到大，許多人都曾經在家中聽父母、長輩說過「我還不是為了你」、「我那麼辛苦地做牛做馬」、「連句謝謝都不會說」。此時，激怒擁有37-40通道的家人或另一半最快的方法，就是把對方的付出視為理所當然，甩下一句：「你自己要做的，我又沒有叫你做。」

面對關係時，必須先釐清彼此的界線

隨著計畫輪迴交叉的世界舞台即將在2027年謝幕，即將迎來的是充滿個體能量、自我人生追尋的「沉睡鳳凰」（the Cross of Sleeping Phoenix），19-49、37-40這兩條通道的傳統家庭結構明顯走向崩解。首先，隨著資本主義的發展（也是計畫輪迴交叉帶來的成果），女性開始進入職場，為家庭帶來收入，也就是部落中資源的獲取不再只限於男性時，我們可以看到的就是家庭中的權力與權利結構不對等，以及家務分工的失衡，比方說，為什麼同樣辛苦上班賺錢，回家做家事的總是同一個人？

許多人以為婚姻是兩人相愛，是的，相愛的是兩個「人」，但家庭是講求「資源」的地方，婚姻是為「兩個家族之間」的權利、情感、資源尋找平衡的合約，如果整個世界對於這紙合約的需求越來越薄弱，那麼，為了家庭委曲求全也不再是常態，當情緒上的忍耐終於到了極限，最終甚至可能會走向離婚（49號閘門）。

在時代轉變下的37-40該如何自處？重點永遠都是協議，為了避免不必要的隱忍、不滿情緒的累積，在進入任何的關係前，包括職場、合作、人際交友、伴侶，甚至婚姻，都必須要將彼此的權利義務討論清楚，而這樣的協商並非在「感覺良好」的當下便欣然同意，因為這裡是情緒，如果沒有澄澈的感受，不滿就會在不知不覺中累積，最後在衝動之下便會拒絕付出。因此，對於擁有37-40通道的人來說，我會給予和

19-49相似的建議：在進入任何關係、協議之前，必須要等待情緒動能週期，在感受相對澄澈後，才會看見協議完整的面貌。

如果你身旁的朋友有37-40通道，「**食物**」就是與他們互動的橋樑。到37-40的家中拜訪時，除了要記得帶點伴手禮以外，如果發現他們沒有拿出食物來招待你，你就知道自己該離開了。

21-45 金錢線的通道：
物質主義者的設計

我就是自己的老闆

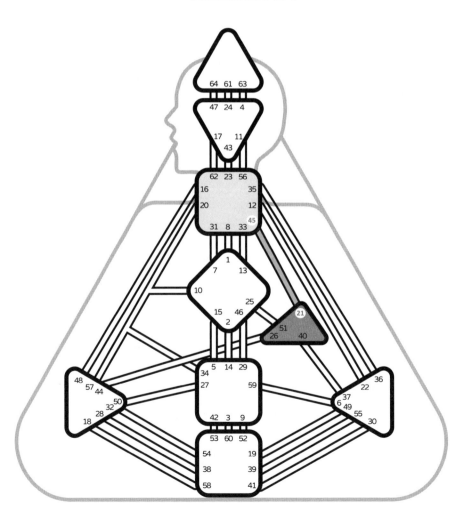

21號閘門，獵人的閘門 (The Gate of Hunter/Huntress)

意志力中心｜噬嗑卦（Biting Through）
為克服故意和持續的干擾而合理且必要的使用權力

　　這是控制的閘門，是唯一擁有「合法控制」（legitimate）的設計。與日常生活中所聽到的控制狂相反，21號閘門的控制並非出於個人的控制慾，而是為了服務、保護部落的必要能量，是為了讓社群獲得必要資源的一股功能性、結構性的力量。

　　21號閘門就像是一間公司的執行長，必須確保每一位員工都有應得的收入、工作之餘也要適當地休息；從上班是否需要穿制服、公司聚餐一律不准點芋頭、到整間公司的企業文化，為了要讓所有人受益、使一切步上軌道，21號閘門會有各式各樣的考量，以照顧共同生活的人在物質層面上的需求。

　　這是一種強大的調節能量，在共同利益需要被執行的前提之下，這個閘門擁有最強大的自我，只要出現了「持續的干擾」，21號閘門將使出最大的力量克服眼前的干擾，也就是說，當你遵守21號所控制的一切，你將獲得最大的利益、更多的休息，反之這一切將會變得非常具有針對性。當你依照策略與權威正確地進入與21號閘門者的關係時，代表你正在給予他們控制權，這也是與21號閘門和平共處的唯一方式。

　　而對於擁有21號閘門的本人而言，在有定義的意志力中心與無定

義的意志力中心會有截然不同的運作，同時必須要依照自己的類型策略行事，才能做出正確的人際互動，比方說，生產者被詢問並且有回應；顯示者經過自己的內在權威並告知；投射者被辨識出控制的才能。如果21號閘門無法正確控制自己的人生，他們將永遠無法獲得成功與自尊，也會傷及心臟的心肌。

45號閘門，蒐集者的閘門 (The Gate of Gatherer)

> 喉嚨中心｜萃卦（Gather Together）
> 相似力量間自然且對整體有益的吸引

　　如果21號閘門是執行長，45號閘門就是董事會了。這裡是國王／皇后的閘門，位於喉嚨中心的閘門都有一個機械式的聲音，部落的領導這在此說的是「我擁有」（I have）。

　　這是喉嚨中心裡唯一具**「占有慾」**的聲音，當部落領袖（45號）對獵人（21號）說：「我允許你在我的土地上狩獵，只要你把最大塊的肉保留給我。」換成現代社會的譬喻，就像是一間公司的董事會對著執行長說：「我將公司交給你管理，只要能保證公司的股價大漲。」

　　45號閘門是54號閘門（野心的閘門）的終極目標，也是我們物質世界最終的表達。但是這樣的表達有兩個必要的基礎：

　　・**對整體有益**。只要對部落有益、讓人民有著正常的生活，就算國

王過著奢侈的生活也有其價值，因為維持部落整體才是45號閘門擁有力量的基礎。

　　・教育。教育是部落整體獲得利益的方式，當部落的教育程度越高，部落所獲得的利益也越多。身處於教育普及的時代，公共教育提高了人民的生活水準，隨著這樣的進步，將使部落發展得更好，帶來更多收入，但這也意味著45號閘門自己本身要先獲得教育，他們需要受到穩固良好的教育，才能惠及整個社群。這是教育使得部落受益的其中一個面向。

　　另一個面向，是當45號閘門在物質層面上可以為社群帶來新東西、新知識、具有教育價值的事物，舉例來說，成功遊說（canvass）另一半「三機救婚姻」的觀念，為家裡購入了自動洗碗機、掃地機器人、洗烘托三合一。

　　然而，當45號沒有辦法為部落整體帶來利益、也沒有提供必要的教育時，無論45號閘門擁有、占有了多少，都不具備部落領袖的力量。

妥善規劃資源的分配

　　多數情況下，當一個人擁有完整的通道時，代表穩定運作的生命動能，你會有著獨特的能量特質。但對於21-45通道而言，在物質上最好的狀態，就是兩個人分別擁有通道的兩端：21號閘門身為執行長，能替45號閘門的董事會賺進更多的錢。當一個人擁有完整的通道，就會變成

校長兼撞鐘，同時是董事會也是執行長，與只有單邊閘門不同，他們有著持續顯化、要控制一切的驅動力，就像明明可以當個富二代，卻又同時要白手起家。

21-45也是部落聲音的匯集之處，聽到來自直覺／脾中心的「部落本能」，與來自情緒中心的「部落需求」，這正是部落所要傳達出來的兩件事：「資源與物質的安全」以及「成員對部落的承諾」。部落就像是一個企業，要養活全部的員工、要讓大家有工作做，也必須要讓大家適度休息。

部落需要在控制之內，這並非意味著部落是「被控制」的，而是**對於部落資源的獲取與分配，需要加以管理和安排**。擁有21-45通道的人，需要學會「妥善安排」一切。

作為一個部落裡的執行長，21號需要控制，它是意志力中心裡最強大的自我（the most powerful ego），它除了為自己帶來收入外，也需要為部落帶來更多的好處，它必須要控制組織，因為公司賺錢了才能發獎金給員工，確保自己以及他人都可以得到妥善的休息。

前文不斷強調休息，是因為健康運作的意志力中心，會知道該如何在工作與生活之間取得平衡，就像心臟跳動的脈搏一樣，心肌在收縮與放鬆之間供給全身血液，而部落成員也在休息與工作之間，為部落帶來最大的收益。

告知是取得控制的關鍵

21-45會確保部落的一切都在控制之中。如同一間成功的企業，有著明確的職務分工、可預期的業績目標、完整的員工福利與教育訓練，甚至有透明的升遷規則、合理的出缺勤和請假制度……這些都是在員工入職前就會揭示清楚的。

如果你有一個21-45的孩子，教育他的正確方式，就是告訴他：「你可以做任何想要做的事，但前提是必須先請求允許。」也就是說，**控制的前提是告知**。告知的目的在於排除阻力、獲得支持或許可，才能真正獲得完整的掌控權。舉例來說，在現代社會中，要成立一間公司之前，必須要向政府提出正式的申請、跑完所有的流程後，只要公司有合法繳稅，政府就不會介入或干涉公司的營運，可以擁有合法以及完整的權力自由地營運。

藉此，我們可以延伸理解一件事，擁有21-45這條通道的人，很難在他人底下工作，即便他們不是擁有主導權的人，也必須要知道計畫是如何進行的，否則亂無章法的失控感將使他們感到不適，時常會將這句話掛在嘴邊：「如果是我，我會這麼做……」來讓事情正確地被控制。

因為意志力中心並非一個察覺中心，不是每一件事情都可以從「我來做也不會比較差」的角度來看，所以擁有這條通道的人必須要正確地運作：生產者必須要被詢問是否要控制並且有回應；顯示者經過自己的內在權威判斷是否控制。兩者接下來都必須要告知。因為正確且完整地

6
自我迴路

告知，獲得對方的同意後才會有完整的掌控權。

完整的掌控權包括了掌控自己的時間、掌控使用這些時間的方式，但是當你與他人合作的時候，是很難做到這一點的，意味著控制一切的 21-45 必須**要對成敗負起完全的責任**。失敗時，即便是因為他人的干擾，21-45 也必須負起全責，這也是許多擁有這個設計的人身心俱疲的原因。

整體的成功比個人的利益更為重要

當他們成功時，因為成功來自於完全的掌控，可以看到他們上電視、出書，甚至播出實境秀尋找「下個接班人」[2]，告訴世人就是要用他們的方法才會成功。但事實上，沒有人可以跟他們一樣，在出版書籍、電視節目、實境秀的高收視率之下，只是讓他們更加成功而已。

這條通道的名稱 Money Line，在中文語境當中沒有直接對應的詞彙，原文中則廣泛使用在運動博彩中的「獨贏盤」，我們可以知道這條通道的設計絕對不會讓自己吃虧，但是，難道荷包賺飽飽就是所謂的成功嗎？

在人類圖中有許多與物質成功相關的設計，而擁有 21-45 通道的人，應該注重的是整體的成功，他們必須要提供「服務與保護」：**保護自己的利益、為他人服務**。

部落就是一個小型的企業，要永續經營、擴大收益的祕訣就是妥善的控制，這裡不是情緒中心，不會有動能高低起伏、親疏遠近，你的共好精神並不是出於個人的喜好，是為了整體而服務，21-45在執行上的確比較不通人情，因此，妥善的告知是必要的步驟。一旦董事長賺錢了，員工也才能夠獲得分紅。

---

2 美國前總統川普曾負責監製實境秀《誰是接班人》，以尋覓合適的接班人人選。

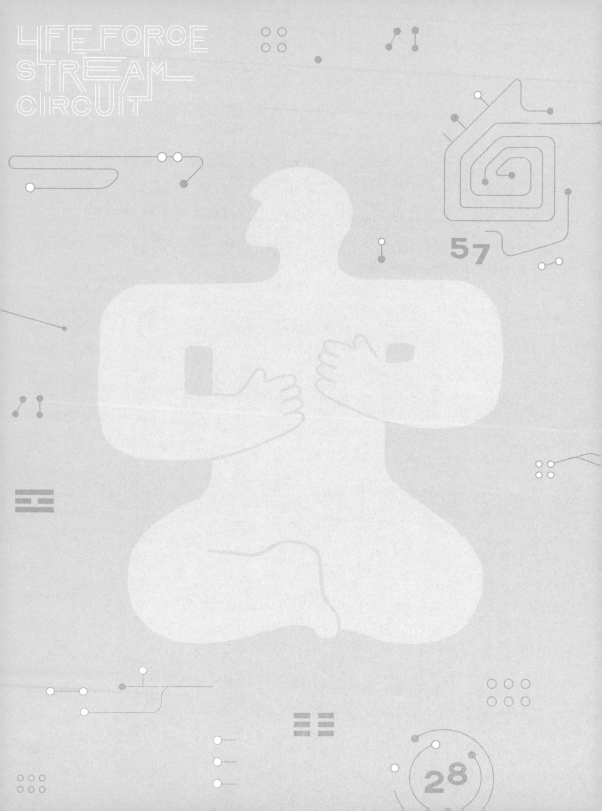

LIFE FORCE
STREAM
CIRCUIT

57

28

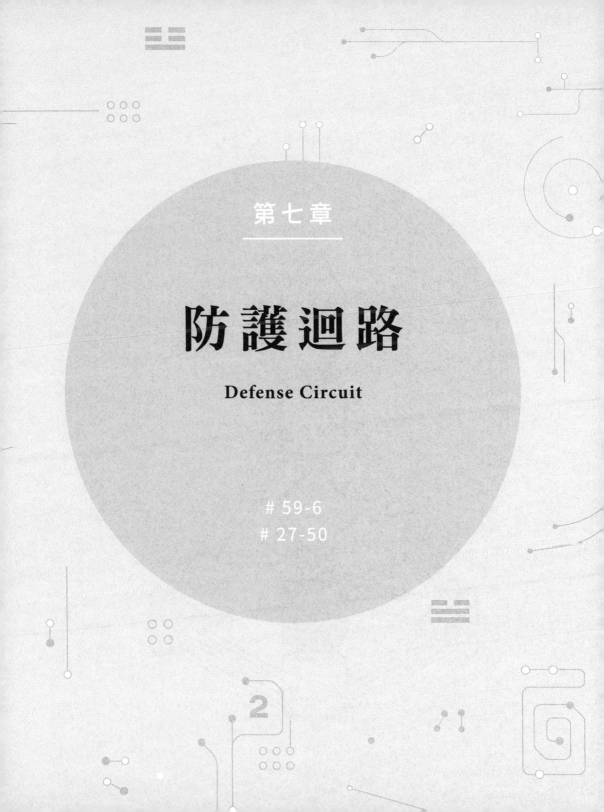

第七章

防護迴路

Defense Circuit

59-6
27-50

簡介：
關於部落、家族、支持

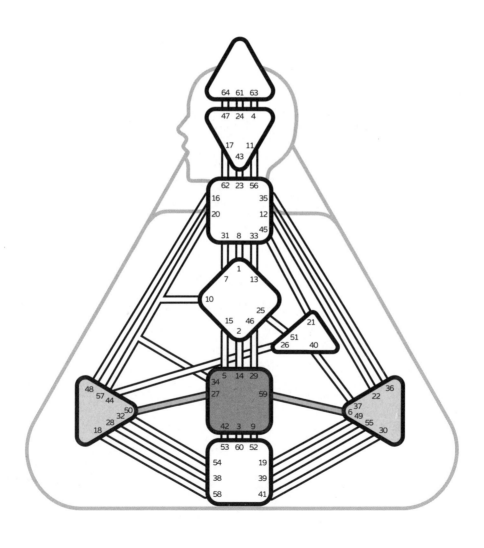

部落迴路群（Tribal Circuitry）是由自我迴路（Ego Circuit）與防護迴路（Defense Circuit）所組成，其中，防護迴路是一個小型迴路，只有兩條通道，包含：59-6親密關係的通道、27-50維護關係的通道。

　　雖然防護迴路僅有兩條，但這裡是整個部落的核心，代表了「生」和「育」。如果你的設計裡有這兩條通道的任一條，將為自身的個性帶來強烈的部落特質，也就是「支持」。

　　另外，當身邊的人遇到這樣的設計，他們也會受到部落特質的影響，彼此之間會產生一股互相扶持的羈絆，然而，這不見得是讓人舒服的狀態，比方說，當彼此不正確運作時，你沒有尋求對方的照顧，對方仍然有可能持續給予他的保護，或者當你需要對方的支持，對方卻不一定有辦法給予你所需的溫暖。

59-6 親密關係的通道：
專注於繁衍的設計

#打破僵局的調解委員

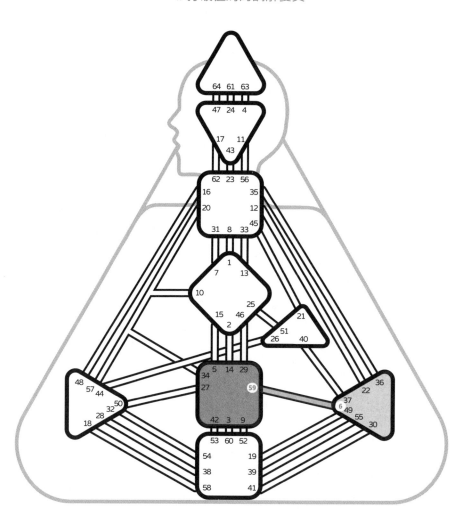

59號閘門，性的閘門 (The Gate of Sexuality)

薦骨中心｜渙卦（Dispersion）
打破藩籬以達到團結的能力

渙卦，我們可以理解為「擴散」，是源源不斷的生命動能朝向再生的散射點。就像蒲公英的種子隨風在空中飛舞著，這是性的閘門，性與情慾不同，59號閘門是「在基因上需要建立連結」的閘門。

對物種的基因來說，最重要的事情是繁衍及確保存續，因此，我們會受到與自己不同的設計所吸引，讓基因可以維持多樣性，使人類這個物種在各種層面上都保持健康。

由於59號閘門代表著生育的潛能，除了在親密關係中擁有繁衍、生育並且創造新生命的能力外，以及在任何關係中，包括友誼、伴侶或事業夥伴，都有著孕育事物的潛力。59號是一個親密的設計，需要與他人深入連接，這股強大的能量不僅僅只是生理上的繁殖，更可以催生出各種計畫、專案與作品。

59號閘門的本質是「打破藩籬以達成團結的能力」，由此可知，這是一個有穿透能力的閘門，能夠進入他人的能量場之中與對方連結。但必須提醒的是，**所有的親密關係都必須要在正確回應中發生**。

在正確開始一段關係的前提下，59號閘門對於親密關係有著明顯的挑剔性，因為薦骨不會對每一個對象都有回應，藉由在能量場中的互

動、觸摸與交談，59號閘門得以辨別出正確的對象。當59號閘門有回應時，包括在性、事業合作等，並非單純因為喜歡對方之類的個人因素，而是出於和眼前這個人或這個合作可以「生產」出某種作品，像是：**新的概念、商品或是下一代。**

需要補充說明的是，這裡是角色的閘門，6個角色閘門與2個特徵閘門形塑出12種人生角色立體的面貌，而59號閘門對應6條爻不同的運作模式，在遺傳的基因層次上，將形成我們尋找正確伴侶的特定策略。

6號閘門，摩擦的閘門（The Gate of Friction）

情緒中心｜訟卦（Conflict）
生命進展的根本設計元素。成長必然伴隨摩擦的定律

6號閘門是整個情緒系統產生動力週期波動的起源，也是三種情緒察覺能量流：需求、慾望、激情的來源。因為是「來源」，6號閘門不會單獨成為任何其中一種察覺，它在釐清感受上是最困難的，不但是情緒中心裡最複雜的設計，也是最難展現情緒的閘門，**只有在與他人接觸時，情緒才得以釋放。**

它代表了親密關係中的希望、痛苦的波動，面對親密關係時，也會在情緒波的起伏中決定「是否結合」。就像酸鹼值、滲透壓的運作一樣，6號閘門在防護迴路裡最重要的工作就是**取得「界線」**，藉由察覺意識，

判斷誰在裡面，誰在外面、誰能穿透，誰不能穿透。

　　人類作為一個物種，需要擴展自身的基因庫，親密關係所帶來的就是下一代的繁衍，因此，6號閘門容易被與自己截然不同的設計所吸引，它的潛能是發展情緒的覺察能力，等待週期起伏後的情緒澄澈，而非當下因為情緒動能的驅動而發展出親密關係。

　　作為察覺中心的閘門，6號閘門底層的恐懼是「親密」，代表在進入一段親密關係之前的緊張（nervous）。人類不同於其他哺乳類生物，任何親密關係的發展都涉及到個體的成長過程，從童年、過去的經驗，甚至是與整個家族連動的責任。

　　情緒需要時間等待澄澈，就像船隻要靜待暴風雨過後再啟航一樣，對親密關係的緊張可以說是一種健康的表現：讓任何關係的建立，不是因為情緒衝動之下產生的，而是花時間做出的正確決定。

與他人建立連結的能力

　　藉由薦骨與情緒中心的直接連結，59-6通道是「情緒權威生產者」的原型。如同前述，對於情緒權威而言「當下沒有真實」，必須等待動能的週期。換言之，親密的過程需要時間才能邁向正確的關係。因此，對於這條通道而言，因「一見鍾情」而墜入情網並不適合他們，如何正確地進入親密關係，需要時間來慢慢體會。

當我們討論到薦骨、談起59號閘門，重點在於性與繁衍的機制；當來到了情緒中心或6號閘門，我們探究的則是情慾、歡愉。這是防護迴路的創造力通道，它的創造力在於建立連結，以及因親密關係所帶來的下一代。

對人類物種來說，繁衍是極為重要的工作，而身負重任的59-6，能夠在親密關係中與對方達到最深的連結，擁有這條通道的人，可以輕易穿透他人的能量場，如同加熱過後的奶油刀，能夠輕易劃破藩籬，切入他人的能量之中，這會讓他人強烈感受到你熱切的情緒。

這種奶油刀的設計，某種程度上可以說是「強行進入了他人的能量場」，如果不了解自己的這種設計，在親密關係上容易為你帶來困擾，因為能夠穿透他人的能量場，並不意味著59-6對於親密有回應，或是有正確的情緒感受；甚至僅僅只因為有能力穿透他人的能量場，而導致對方對你所釋放的能量有更多的期待與要求。

進入關係之前，需要等待情緒澄澈

永遠要記得，這是一個「情緒權威生產者」的設計，不但要等待薦骨的回應，更要等待情緒感受的澄澈——薦骨和情緒兩者的結合——是薦骨的振動頻率會受到情緒週期的影響，在當下都只是片斷，不是完整的感受，因此「欲拒還迎」（play hard to get）是你們面對所有關係的最佳策略。得到任何的邀請都必須要等待情緒澄澈時再答應，包括伴

侶、人際以及各種合作。

　　當你跟一個人進入親密關係，尤其是有了孩子以後，你們打交道的時間至少為七年，這就是「七年之癢」的由來。如果在親密關係的初期並沒有等待情緒的澄澈，這段關係，以及這段關係所牽涉到的人事物，就無法得到適當的滋養與支持，意味著彼此的關係會停留在情緒週期表面上的「希望／痛苦」循環，不夠穩定也無法進入深層的精神交流。

27-50 維護關係的通道：
監護人的設計

＃默默守護的媽祖婆

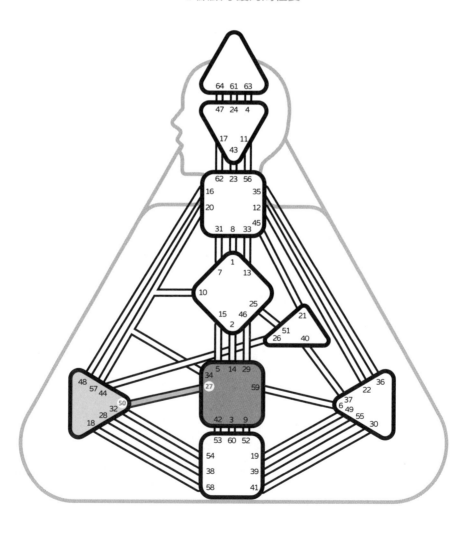

27號閘門，照護的閘門（The Gate of Caring）

薦骨中心 | 頤卦（Nourishment）
透過關懷照顧來提升所有活動的內涵及物質

　　當哺乳類動物因為性行為而有了後代，接下來會進入把幼獸養育長大的照顧期。以人類而言這個過程至少需要七年。

　　照顧、滋養與關懷，在27號閘門我們看見了部落中最深層的角色。沒有營養、沒有關懷與照顧，這些嗷嗷待哺的小生命便無法生存。這與我們日常生活中承擔起照顧責任的社會性別無關，這是來自薦骨的生命力，是確保物種存續的核心關鍵。

　　儘管有種餓，叫阿嬤覺得你餓，但滋養除了表面上的關心、餵食之外，還有著更重要的工作。我們可能會認為「營養、照護」是屬於身體層面的照顧，然而，27號閘門所滋養的是意識（nourishment of awareness）。

　　50 號閘門是我們人類智力、本能、直覺和鑑賞力的來源，27 號閘門在尋找的不僅是滋養下一代的基礎，還有更高程度的智力，這裡有著**滋養智力發展**的需求。當我們談到27號閘門的滋養時，它是在滋養那些需要被照顧、需要意識啟動的人，像是孩子、學生，或任何其他需要指導、照顧和意識提升的人。

　　這裡是薦骨中心的設計，如果27號閘門位於有定義的薦骨中心，

任何滋養都應該來自於回應，包含「照護誰、什麼時候照護、如何照護」，透過其正確運作，帶給我們整個星球的下一代基礎的滋養、道德上的教育以及法律上的保護。如果是薦骨中心沒有定義，卻有休眠的27號閘門，則要小心不知節制的滋養，導致過度付出。

50號閘門，價值的閘門（The Gate of Values）

直覺／脾中心｜鼎卦（Cauldron）
歷史延續性的價值在於，傳統使現在及未來豐富並有助益

與6號閘門在情緒中心的相對位置，其運作原理相同，50號閘門是直覺／脾中心的三股察覺能量流，「本能力、直覺力、鑑賞力」的根源。6號閘門產生情緒週期的波動，50號閘門則形成察覺的意識頻率，這裡代表了人類智力發展的根源、評估與防禦的能力。

鼎卦的「鼎」，在奇幻小說《哈利波特》系列中，就是熬煮魔藥的大釜（cauldron），所有價值觀的可能性，如同魔藥的材料一樣，能夠在鍋中熬煮出適合部落生存的律法與價值觀。50號閘門是部落的立法者，立法目的是為了確保生存的智慧受到尊重、保存至下一代，使物種得以演進與發展。

位處於覺察中心的閘門都有著內建的恐懼，50號閘門恐懼的是「責任」。「不會養不要生」這句在網路上流傳的警語很有可能便是出自50

號閘門的口中，他們認為，教養一個孩子不是只要還有在呼吸就好，而是要使其成長為一個身心健全的人。

50號背負著巨大的責任，直覺／脾中心不但直接關係到照顧身體健康，更與我們心理健康、穩定情緒的頻率有關，因此，擁有50號閘門的人，除了要顧及生存資源充足，還要照顧到他人的感受。

然而，責任不僅僅是照顧另外一個人而已，甚至包含了牽涉到雙方家族、整個社會、民族文化、傳統下所賦予的責任。如果擁有50號閘門是在有定義的中心當中，承擔責任是必須的，不但會恐懼責任，更害怕自己沒有承擔起責任；而若是50號閘門落在沒有定義的直覺／脾中心，則容易遭受制約，承受過多不屬於自己的責任卻又緊抓不放。

無論是哪一種設計，唯一正確的運作方式，便是依照自己的策略與權威來做決定，才能正確地面對該起負的責任。

正確的照護，能夠為世界帶來滋養

在情緒中心的這一側，與薦骨連結的59-6通道中，我們看見切入對方能量場的能力；當能量來到了直覺／脾中心與薦骨連結的27-50通道，這裡有著「將他人拉入自己能量場」的能力。

在防護迴路裡的兩條通道有著相同強大的能量，以及微妙的平衡，它們為人類生活帶來大量且深刻的支持：在情感的盲目和混亂中，我們

有了親密關係並繁衍下一代，而在生存之中我們獲得了最純粹的意識，認識到下一代需要獲得適當的培養。

必須要理解，這兩股強大的能量來自於正確的運作，我們這個世界才有正確的連結與妥善的滋養。將他人拉入自己能量場中的27-50，需要注意關係的連結是否正確，因為在這裡有著強大的照顧動能，一旦身旁圍繞著錯誤的關係，將會變成終極的被奴役者，對每一件事情、每一個人負起責任，這對於27-50通道的設計是相當有害的。

擁有這條通道的人，無論是在照顧、滋養還是培育、關懷或是信任、判斷價值觀正確與否，這一切都不是出於腦中的念頭，而是薦骨當下的回應，也就是需要被詢問，也因為與直覺／脾中心直接相連，50號閘門代表當下的覺察，會以某種頻率向外發送來到了薦骨中心，與薦骨被詢問時的振動頻率結合。

在沒有認清這樣的運作方式之前，固定運作的生命動能仍然在我們的眼皮底下運作著，身旁的人們不斷被27-50拉入照顧的能量場當中，這讓如同監護人般的27-50疲憊不已，因為他們沒有意識到自身正不斷地消耗能量、投入過多資源、背負了不屬於自己的責任。

而這裡也是部落律法建立之處，如果不理解這樣的運作，毫無防備的監護人可能會為部落帶來不健康的疾病，或不適當的價值。

帶給人安全感與信任感

一個正確運作的27-50，身為部落保存者、家族監護人會為周遭帶來極大的安全感，他們是部落穩定的象徵，真正人見人愛的設計。當他們走近你身邊，你就已經準備好信任他們了，在某些特定情況下，27-50所投射出來的信任感，可以讓對方連自身性命都可以安心交付。

要發揮這樣強大的能量，重點在於建立適當的價值，以教育我們的未來世代。人類圖最重要的核心工作，便是讓下一代準備好，迎接2027後全新世界的到來。雖說這是給未來世代的知識，但教育畢竟還是要透過這一輩的成年人傳遞，當我們正確認識策略與權威的使用方式，才能帶給這個世界截然不同的頻率。

當設計當中出現了小型迴路（回歸中央迴路、防護迴路），請不要小看自身的能量，回歸中央迴路將自我（self）帶入世界，讓世界看見追隨自己信念所帶來的喜悅，無論你是什麼設計都將增添這樣的色彩；而當設計中出現了防護迴路，你將自動帶入部落的特質，給予身邊的人支持與照顧。

人類圖，你與自我和解的開始

結合閘門解析，最完整的 36 條通道全書，理解你的生命特質

作　　者 | Repeat

企劃編輯 | 李雅蓁 Maki Lee
責任行銷 | 鄧雅云 Elsa Deng
封面裝幀 | 木木 Lin
版面構成 | 譚思敏 Emma Tan
校　　對 | 許芳菁 Carolyn Hsu

發 行 人 | 林隆奮 Frank Lin
社　　長 | 蘇國林 Green Su

總 編 輯 | 葉怡慧 Carol Yeh
主　　編 | 鄭世佳 Josephine Cheng
行銷主任 | 朱韻淑 Vina Ju
業務處長 | 吳宗庭 Tim Wu
業務主任 | 蘇倍生 Benson Su
業務專員 | 鍾依娟 Irina Chung
業務秘書 | 陳曉琪 Angel Chen
　　　　　莊皓雯 Gia Chuang

發行公司 | 悅知文化 精誠資訊股份有限公司
　　　　　105台北市松山區復興北路99號12樓
訂購專線 | (02) 2719-8811
訂購傳真 | (02) 2719-7980
專屬網址 | http://www.delightpress.com.tw
悅知客服 | cs@delightpress.com.tw
ISBN：978-626-7288-93-1
建議售價 | 新台幣499元
初版一刷 | 2023年11月

國家圖書館出版品預行編目資料

人類圖,你與自我和解的開始:結合閘門解析,最完整的36條通道全書,理解你的生命特質 / Repeat 著. -- 初版. -- 臺北市：悅知文化精誠資訊股份有限公司, 2023.11
320面；17×21.5公分
ISBN 978-626-7288-93-1 (平裝)
1.CST: 占星術 2.CST: 自我實現

292.22　　　　　　　　　　　112016013

建議分類 | 人文社科

悅知文化
Delight Press

線上讀者問卷 TAKE OUR ONLINE READER SURVEY

通道並非用來「標籤他人、
限縮自己」的工具，而是讓
大家在生活中實驗它、體驗
它。

———————《 人類圖，你與自我和解的開始 》

請拿出手機掃描以下QRcode或輸入
以下網址，即可連結讀者問卷。
關於這本書的任何閱讀心得或建議，
歡迎與我們分享 ☺

https://bit.ly/3ioQ55B

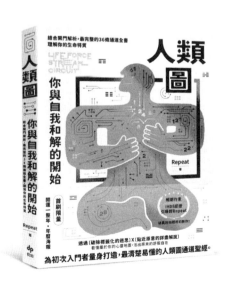

61

24

12

8

57

22

2

LIFE FORCE
STREAM
CIRCUIT

55

28

CHANNELS
DESIGN
PERSONALITY
BODYGRAPH

LIFE FORCE
STREAM
CIRCUIT

CHANNELS
DESIGN
PERSONALITY
BODYGRAPH

61

24

12

8

57

22

2

55

28